DE
ZUID-INDISCHE TEMPELS

W.M. Callewaert

DE
ZUID-INDISCHE TEMPELS

PEETERS
LEUVEN
1985

Inforiënt-reeks

Hoofdredakteur: Dr. W.M. Callewaert

Redactieleden: Prof. U. Libbrecht
Prof. W. Vande Walle
Prof. U. Vermeulen
Adres: Blijde Inkomststraat 21, 3000 Leuven

De foto's en illustraties zijn eigendom van de auteur. Ik dank Prof. W. Rombauts voor zijn dia's over Hāmpī en Bādāmī.

ISBN 90-6831-039-9
D. 1985/0602/29

INHOUDSTAFEL

VOORWOORD

Dit is geen leesboek, maar een handboek.

Een degelijke gids voor de Zuid-Indische tempels bestaat in het Nederlands niet. En als je de Engelse publicaties wilt gebruiken, moet je alles bij elkaar zoeken uit lijvige kunstboeken en wetenschappelijke werken of uit kleine folders die alleen lokaal (met moeite) te krijgen zijn. Het beste ga je alles ter plaatse opzoeken en bestuderen.

Dat alles heb ik gedaan en het resultaat is dit boekje.

Dit handboek dient gebruikt te worden naast een reisgids. Wat je daar summier vindt kan je hier meer in detail bestuderen.

Dit boekje kan je ook gebruiken als een *mini-encyclopedie* voor de hindoe iconografie: er worden detail-beschrijvingen gegeven van de meest voorkomende godheden — met afbeeldingen — en een index om gelijkaardige plaatsen en beelden op te zoeken.

De detailbeschrijving van een beeld wordt slechts één keer gegeven. In de index achteraan wordt de bladzijde in vetjes afgedrukt, waar meer informatie of een afbeelding te vinden zijn. Haakjes [ ] in de tekst verwijzen naar de woorden die bladzijde verwijzingen hebben in de index.

Een studiereis door Zuid-India is een bijzonder boeiende ervaring als ze wordt voorafgegaan door een degelijke voorbereiding. Elke dag biedt een waar hoogtepunt, maar elke dag vereist ook een nieuwe inleiding, in een nieuwe dynastie, een nieuwe bouwstijl, een nieuw landschap. Je moet wel de toeristische routes en infrastructuur verlaten, maar het eventueel ongemak wordt honderdvoudig beloond door het ongerepte Indiase platteland en unieke sites.

In de regel heb ik de *Engelse spelling* van de Sanskriet eigennamen behouden. Om verkeerde uitspraak uit te roeien en de juiste uitspraak te bevorderen — met een duidelijk onderscheid tussen de korte a en de lange ā — heb ik de korte eind-a in Sanskriet woorden niet geschreven (Nat-rāj), behalve na een dubbele medeklinker (Krishna). Voor Shiv heb ik een toegeving gedaan en spel Shiva (niet Shivā!). Ook Vishnu krijgt een speciale behandeling voor de Nederlandse uitspraak: Vishnoe!

De Sanskriet woorden zijn meestal opgesplitst, dit om de betekenis duidelijk te maken. Daardoor zijn sommige ā-phonemen kort geworden; in de gecombineerde vorm worden deze phonemen meestal lang. Voorbeeld: Gaj-asur wordt Gajāsur.

De aanduidingen ‚links’ en ‚rechts’ in de beschrijvingen moet men zien vanuit het beeld. En tenslotte, bij het bezoek van de tempels is een *kompas* essentieel.

Ik dank Ludo Meyvis voor zijn revisie van de tekst en Patrick Willems voor het tekenen van de illustraties.

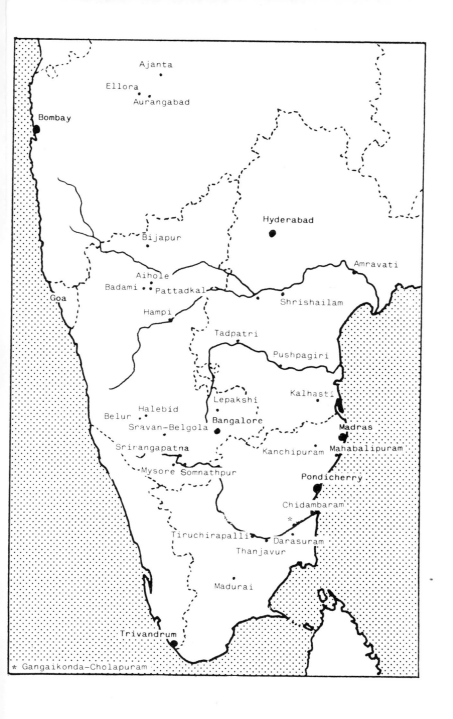

* Gangaikonda-Cholapuram

INLEIDING

Een bezoek aan de kunstschatten in de Zuid-Indische tempels is ook een kennismaking met de opkomst en verval van wisselende politieke grootmachten, over een periode van 1500 jaar.

Reeds vóór het begin van onze jaartelling vochten bekende namen om het meesterschap: Chol's, Pāndya's en Cher's. De Chol's verwierven de heerschappij over een groot gebied, maar werden in de 2de eeuw verdreven door de Cher's en de Pāndya's. Kort duurde het lied van de Cher's en tot de 3de eeuw heersten de Pāndya's, vanuit hun hoofdstad Madurai.

Dan verschenen de Pallav's op het toneel en regeerden vanuit Kānchīpuram, tot de Chālukya's de supermacht werden, op hun beurt opzij geduwd door de Chol's, die hun invloed lieten voelen tot in Java. Thanjāvūr werd het nieuwe centrum.

In de 12de eeuw komen de Pāndya's weer opdagen: zij moeten uiteindelijk wijken voor de muslims, voor de Vijaynagar dynastie en tenslotte voor de Engelsen en de Fransen.

Door de religieuze gevoelens en ambities van de heersers en dank zij de militaire campagnes kwamen veel religieuze kunstwerken tot stand: ze werden gedeeltelijk gebouwd met oorlogsbuit en waren een dankbetuiging aan de godheid (voor de overwinningen) en een symbool van macht over de verdrongen buur. Is er iets nieuws onder de zon?

De lijn in de *evolutie van de tempels* loopt van een eenvoudige, vierkante structuur naar een overdreven uitbreiding die alleen kon uitmonden in verval. Het basisvierkant van de vroegste tempels was heel eenvoudig, met — als eerste stap in de evolutie — een kleine spits boven de cella. Na de enorme spits boven het schrijn van de Thanjāvūr tempel [ ] zien we stilaan de poorttorens hoger worden en de schrijn-toren verminderen. Het tempelcomplex wordt uitgebreider, het wordt een burcht, een stad op zichzelf, tot het maximum van zeven omheiningen is bereikt... en het einde.

Er is een duidelijk onderscheid tussen de ,Noord-Indische' torenspits

| Aihole | Pattadakal | Alampur | Bhuvanesvara |

De ‚Noord-Indische’ *shikhar*.

(shikhar) en de Zuid-Indische ‚vimān’. De *shikhar* staat boven een vierkant schrijn en rijst met gebogen lijnen tot de top, waar een ‚vaas’ (kalash) staat. De *vimān* is gebouwd in verdiepingen, en kan rond zijn, of vierkant of zes- of achthoekig.

De meest voorkomende goden in de tempels zijn Vishnoe en Shiva.

In het huidig theologisch denken en ook in de devotie van de gelovigen is **Vishnoe** de god met wie het begrip van een stabiel universum en het begrip van de avatār’s [ ] zijn geassocieerd. Omwille van het populaire karakter van de avatār avonturen, hebben we wellicht de neiging om de eerste karakteristiek — van stabiliteit — uit het oog te verliezen. Die eigenschap van Vishnoe is echter zeer belangrijk. Vishnoe houdt de universele orde, de dharma, in stand. Hij verschijnt op het toneel waar de orde dreigt verstoord te geraken. Vishnoe is — voor de gelovige — de steunpilaar van de kosmos. In de eeuwige cyclus van kosmische vernieuwing en vernietiging van het universum, wordt Vishnoe gezien als het Gouden Ei, met onderaan slangen die de kosmische wateren symboliseren. Boven op deze slangen-oceaan staat de kaarsrechte figuur van Vishnoe [ ], bijna even groot als de as van het ei; zijn armen zijn uitgestrekt, en symboliseren de uitgestrektheid van het universum. Het is ook Vishnoe die op de slang rust na de vernietiging van de kosmos [ ], tijdens het interludium vooraleer een nieuwe Brahmā wordt aangeduid om een nieuwe kosmos te scheppen.

4

Van belang bij deze bijna apocalyptische visie is het feit dat Vishnoe wordt gezien als de god die de orde in de cosmos in stand houdt en toeziet dat de cosmos altijd opnieuw wordt geschapen. Daarom ook is hij neergedaald naar de geschapen wereld op verscheidene momenten in de evolutie. Dit zijn de avatār's of Nederdalingen van Vishnoe [ ].

Tempels worden meestal aan of Shiva of Vishnoe gewijd. Dit betekent niet dat beide beelden nooit in één tempel voorkomen of dat een Vishnoe gelovige nooit in een Shiva tempel gaat bidden.

De god **Shiva** wordt soms geassocieerd met de Vedische god Rudra. Hij wordt veelal aanbeden als de Vernietiger van het kwaad: talloze afbeeldingen [ ] verwijzen naar evenveel legenden die zijn avonturen, heldendaden en tussenkomsten in de kosmos en de wereld illustreren. De centrale afbeelding van Shiva in een tempel — of soms ook buiten onder een boom — is meestal een Lingam (phallus), staande op een Yoni (vrouwelijk symbool). Hij wordt ook dansend afgebeeld (in een kring van vuur [ ]).

Alle details voor de iconografie zijn minutieus vastgelegd in Heilige Boeken: de godheid of godin moet in die hand dit dragen en in de andere hand weer iets anders. Niet alle beelden komen in alle details met die voorschriften overeen, maar in het algemeen volgen ze die canon, over geheel India, tot in Java.

Het is boeiend een beeld te kunnen identificeren en de esthetische en religieuze gevoelens van de kunstenaar te kunnen aanvoelen. De leidraad daarbij is zelden het aantal armen: bijna elke godheid kan vier, zes, acht of meer armen hebben. De attributen kunnen je al beter helpen, vooral als het onderscheid tussen een mannelijke en een vrouwelijke figuur duidelijk is — wat meestal het geval is.

HANDHOUDINGEN EN SYMBOLEN

abhay-mudrā

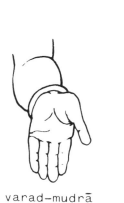

katak-mudrā

varad-mudrā

kirit-mukut

jatā-mukut

karanda-mukut

vitarka-mudrā

anjali-mudrā

makar

kīrti-mukha

kinkhoorn (shankha)

zonneschijf
(cakra)

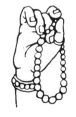

rozenkrans
(aksha-mālā)

strop (pāsha)

trommeltje
(damarū)

drietand
(trishūl)

shakti

antiloop

open lotus
(padma)

9

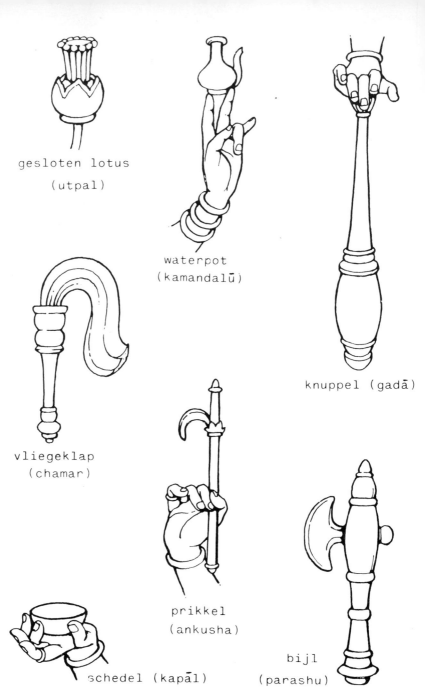

gesloten lotus
(utpal)

waterpot
(kamandalū)

knuppel (gadā)

vliegeklap
(chamar)

prikkel
(ankusha)

schedel (kapāl)

bijl
(parashu)

10

HET HINDOE PANTHEON: SYSTEMATISCH OVERZICHT

1. Shiva
– Staande Shiva (mūrti betekent ‚beeld')
  Lingodbhav-mūrti (Shiva verschijnt in de Lingam) [ ]
  Keval-mūrti (Shiva alleenstaand)
– Zittende Shiva
  Sukhāsan-mūrti (Shiva ‚rustig gezeten') [ ]
  Dakshinā-mūrti (Shiva als leraar van het zuiden) [ ]
– Shiva met gezellin (Devī-sahit-mūrti) [ ]
  Ālingan-mūrti (Shiva omhelst zijn gezellin) [ ]
  Umā-maheshvar-mūrti (Shiva of Maheshvar met Umā) [ ]
  Somā-skanda (Shiva met gezellin en zoon Skanda) [ ]
– Rijdend
  Vrish-vāhan-mūrti (Shiva met zijn rijdier) [ ]
  Vrishabh-ārūdh-mūrti (Shiva op zijn rijdier) [ ]
– Dansend (Nat-rāj) [ ]
  Op de demoon Apasmār-purush
  Zonder de demoon Apasmār-purush
– Speciale beelden
  Ardh-nārī-mūrti (half Shiva, half Vishnoe) [ ]
  Gangā-dhar-mūrti (Shiva met de godin Gangā) [ ]
  Harihar (half Shiva, half Vishnoe) [ ]
  Kalyān-sundar-mūrti (Shiva als bruidegom) [ ]
  Anugrah-mūrti (‘genadevolle' Shiva)
    Vishnu-anugrah-mūrti (Vishnoe ontvangt de zonneschijf) [ ]
    Kirāt-arjun-mūrti (Arjun ontvangt de boog: Pāsupat-dān) [ ]
    Rāvan-anugrah-mūrti [ ]
  Shiva Chandra-shekhar of Shiva die de maansikkel in zijn haar heeft.
– Samhār-mūrti (Shiva als vernietiger)

Kālāri-mūrti (Mārkandey en de Dood ‚Kāl’) [ ]
Tripur-antak-mūrti (Shiva verdelgt drie steden) [ ]
Vīr-bhadra [ ]
Gaj-asur-samhār-mūrti (Shiva doodt de olifant demoon) [ ]
Bhikshātan-mūrti (Shiva als bedelaar) [ ]
Kankāl-mūrti (Shiva met de skelet-stok) [ ]
Bhairav [ ]
Sharabhesh-mūrti [ ]
Pradosh-mūrti [ ] (Shiva die danst om de duisternis te verjagen)

Vormen van Devī, de gezellin van Shiva
Pārvatī [ ]
Durgā [ ]
Mahīsh-asur-mardinī [ ]
Verdere namen zijn Umā, Somā, Gaurī, Kālī, Cāmundā, Bhairavī
(ook Brahmī, Maheshvarī, Kaumārī, Vaishnavī, Varāhī, Indrānī [ ]).

Zonen van Shiva
Ganpati of Ganesh (met de olifantskop [ ])
Kumār [ ], of Kārttikey [ ], Subrahmanya [ ], Skanda [ ].

Subrahmanya op de pauw
(Kānchīpuram).

12

VISHNOE

Vishnoe wordt staande [ ], zittend [ ], rijdend [ ], liggend [ ], dansend [ ] of met zijn gezellin Devī of Lakshmī [ ] afgebeeld.

Liggende *Vishnoe* (Aihole).

Avatār's van Vishnoe
1. Vis (matsya) [ ]
2. Schildpad (kūrma) [ ]
3. Ever (varāh) [ ]
4. Man-leeuw (narsinha), staande, zittend, rijdend of dansend.
   Girij-narsinha (op een troon) [ ]
   Yog-narsinha (in lotushouding) [ ]
   Sthaun-narsinha [ ]
   Prahlād-anugrah-mūrti („genadevol met Prahlād')
   Devī-sahit-mūrti (met Devī) [ ]
5. Dwerg (vāman) „die drie stappen zet' [ ]
6. Parshurām
7. Rāmchandra [ ]

8. Krishna [ ]
9. Boeddha
10. Kalki [ ]

ANDERE GODEN

Brahmā [ ] , met gezellin Sarasvatī [ ]

Driekoppige *Brahmā*, uit Aihole, nu in het Prince of Wales Museum, Bombay.

Sūrya (zon) [ ]
Dik-pāl's (Bewakers van de Richtingen) [ ]
Dattātrey [ ]

RIJDIEREN VAN DE GODEN

Vishnoe: de arend Garud
Shiva: de witte stier Nandi
Brahmā: de gans (hamsa)
Pārvatī: de leeuw (sinha)
Sarasvatī: de pauw
Ganesh: de rat
Skanda: de haan of pauw

Indra: de olifant Airāvat
Sūrya: zeven paarden
Agni: de ram
Yam (dood): de zwarte buffel
Varun: de krokodil
Vāyu: het hert
Kuber: het paard
Gangā: de krokodil (makar)
Yamunā: de schildpad (kūrma)

HOOFDSTUK 1

DE CHALUKYA'S: STEENKAPPERS EN BOUWERS

Tussen 550 en 950 n.C. regeerden drie supermachten in Zuid-India, die de staatsinkomsten vooral besteedden aan militaire campagnes tegen elkaar en aan het kappen of bouwen van tempels: de Chālukya's, de Pallav's (Mahābalīpuram) en de Pāndya's (Madurai). Literatuur, mystiek en godsdienstige (hindoe) revival bereikten een hoogtepunt, toen de Chinese pelgrim Hsüan Tsang Bādāmī en het Pallav rijk (Mahābalīpuram) bezocht rond 640.

Kappen in rotsen is een eeuwenoude traditie in India[1]. Rond 500 n.C. werd de traditie weer opgenomen door de Chālukya's die zachtere rotssoorten vonden. De boeddhisten, Hindoes en Jains in West-India van hun kant[2] vonden rotsformaties waar gesteente-structuren evenwijdig met elkaar lopen; zodoende konden ze met minder moeite grotere stukken uitkappen. In Ajantā aldaar werd verder afgewerkt met plaasterwerk en soms met schilderijen die tot heden bewaard zijn.

De Pallav's (Mahābalīpuram) brachten een revolutionaire innovatie... en kapten in graniet.

Toen de Europese cultuur nog lag te slapen in het donker van de vroege Middeleeuwen, bouwden de Chālukya's in centraal Zuid-India meer dan honderd prachtige tempels. Het gebied was groter dan de Benelux, in een tijd toen men zich alleen te voet verplaatste of met de ossekar, in een klimaat dat snikheet was voor het grootste deel van het jaar.

De rotstempels van de Chālukya's zijn — in tegenstelling tot de granietwerken van de Pallav's [ ] — uit minder harde zandsteen gehou-

---

[1] De oudste rotstempels dateren van ca. 250 v.C., onder keizer Ashok en de Mauryas bij Gayā, waar de Boeddha zijn verlichting kreeg: Barābar en de Nāgārjunī Hills.

[2] Elephantā, Ellorā, Ajantā, Karlā en Bhājā.

wen. Daardoor konden ze ook veel fijner afgewerkte detail-beelden uitkappen.

De vroegste tempel dateert van 450 n.C. (Lād Khān) in Aihole, waar onlangs nog vroegere structuren zouden zijn ontdekt. Verder hebben de Chālukya's tempels opgericht in Bādāmi, Mahākut, Pattadakal, Alampur, Satyavolu en Mahānandi. In de streek van de laatste drie sites zou ook de oorsprong van de Chālukya's te situeren zijn: op het hoogtepunt van hun macht zijn ze er teruggekeerd en hebben ze er prachtige tempels opgericht.

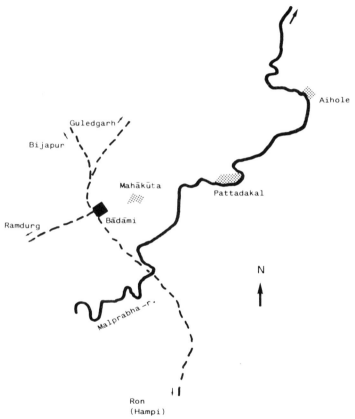

Bādāmī, Pattadakal-Aihole.

Aanvankelijk waren de Chālukya's vereerders van Vishnoe. Hun emblemen treft men nog in de grottempels en op de deurstijlen van een aantal tempels aan: de Ever (Varāh) die de godin Aarde uit de grond

18

haalt, en de Arend (Garud). De Ever als Chālukya-symbool vinden we ook op de Chālukya munten. Later begonnen ze Shiva te vereren en in een aantal schrijnen werd het oorspronkelijk beeld van Vishnoe vervangen door een Lingam.

Pulikeshī I (540-566) sticht de dynastie in 543 in Bādāmī. Tijdens de regering van zijn zoon Kīrtivarma (566-596) werd Cave 3 gehouwen door Mangalesh die hem ook opvolgde (596-610 [ ]). Vooral onder de heerschappij van Pulikeshī II (655-681) werd het rijk uitgebreid. In 640 veroveren en vernietigen de Pallav's de stad Bādāmī. Na verdere aanvallen van de Pallav's, Pāndya's en Chol's herstelt Vikramāditya (655-681) het rijk voor de Chālukya's.

Tijdens de regering van Vinayāditya (d. 696) en Vijayāditya wordt de Jāmbulinga tempel [ ] gebouwd, ter ere van Brahmā, Vishnoe en Shiva (drievoudig schrijn!).

Onder Vikramāditya II (733) worden de Pallav's van Kānchīpuram [ ] herhaaldelijk verslagen en verschijnen in Pattadakal de hoogtepunten van de Chālukya bouwkunst. Met Kīrtivarma (745-757) komt het einde van de Chālukya dynastie en nemen de Rāshtrakūta's de heerschappij over.

1. *Aihole*

Door het gehucht Aihole, dat bijna heiligschennend tussen méér dan honderd tempels ligt, wandel je voorbij aan een aantal tempel-ruïnes die werden gebruikt als opslagplaats, koestal of woning. Een tiental tempels hebben 1500 jaar lang zon en regen weerstaan en zijn opgeëist en beschermd door de Archeologische Dienst. Op deze site vinden we de eerste bouwexperimenten van de Chālukya's. Of waren het pre-Chālukya bouwwerken — resultaten van een autochtoon genie — en hebben de Chālukya's op deze lokale stijl verder gebouwd? Recent onderzoek stelt dat Jayasinha-vallabh, de ‚stichter' van de Chālukya dynastie, de vroegere tempels in Aihole zou hebben gebouwd. In elk geval horen de Lād Khān en de Durg tempels bij de vroegste tempelstructuren in Zuid-India. In Aihole vinden we de meest gevarieerde stijlen die later in Bādāmi en Pattadakal naar een waar hoogtepunt evolueerden. Belangrijk is nu reeds te wijzen op de specifieke structuur van de Chālukya

tempelspits: vierkant en met gebogen lijnen opklimmend. Van de prototypes in Aihole vinden wc verdere evoluties in Pattadakal en Alampur.

De wandeling door Aihole begin je het beste met een klim naar de
Meguti tempel (a), in het zuiden. Vandaar heb je een mooi overzicht van
het geheel, en je eindigt bij de Lād Khān tempel (g).

Grondplan Aihole

a) De *Meguti tempel* (634), met zijn hindoe beelden en één jain beeld
werd nooit voltooid. Het torentje doet denken aan de Lād khān tempel
(zie onder g).

b) De *Mallikārjun tempel* (ca. 740) heeft een dravidisch grondplan en
een ronde koepel. In het plafond zie je Shiva als Nat-rāj [ ]. Er is ook
een prachtig hemels koppel, en een mooie fries.

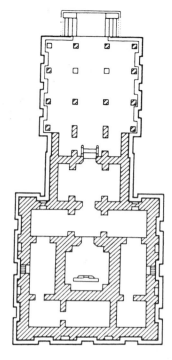

Grondplan Meguti tempel

De Ravallapaddi grottempel.
a. Voorgevel.

b. Binnenportaal, links.

c. Durgā Mahīsh-asur-mardinī.

c) De *Ravalapaddi grottempel* heeft mooie reliëfs van Shiva, Ardh-nārīshvar [ ] (links), de Zeven Moeders [ ] (links) en Harihar [ ]; Shiva en Pārvatī, met Bhagīrath [ ] (rechts); Shiva met bijl en drietand; Durgā Mahīshāsur-mardinī [ ] (rechts achter): zij is hier — merkwaardig genoeg — voorgesteld met de zonneschijf en de kinkhoorn (van Vishnoe [ ]). Varāh [ ] (links achter). In het plafond is een grote lotus uit de rots gehouwen.

d) De *Huchi-malli (,mad lady')* tempel — gewijd aan Shiva — is eenvoudig in stijl. In het plafond zien we een afbeelding van Shiva's zoon Kārttikey, met zijn rijdier de pauw.

e) Jyoti-linga groep.

f) De *Durg tempel* dateert van ca. 600 en is niet gewijd aan Durgā, de gemalin van Shiva. De naam zou afgeleid zijn van ,durg' of het fort waarbij deze tempel is gesitueerd.

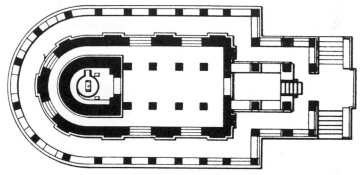

Grondplan van de Durg tempel

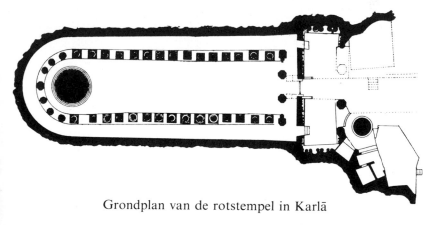

Grondplan van de rotstempel in Karlā

23

Durg tempel

a. *Durgā* in Durg tempel.

b. Varāh in Durg tempel.

Het merkwaardig, uniek grondplan van de Durg tempel, met de ronde absis, zou verwant zijn met de boeddhistische Chaitya (kloosterzaal), zoals we die aantreffen in de Ajantā en Karlā grottempels. Het dak heeft verscheidene ,verdiepingen'. Boven de ingangsdeur zie je de Arend Garud, het rijdier van Vishnoe en een Matsya (of Vis [ ]) embleem. Buiten links staat Vishnoe als Narsinha [ ] en rechts staan Shiva en Pārvatī als Ardh-nārīshvar. In de friezen op de muren van de tempel, binnen de veranda, zijn duidelijk episoden uit de Rāmāyan afgebeeld; deze vertellen de verhalen van Vishnoe die onder de mensen was als Rāmchandra [ ].

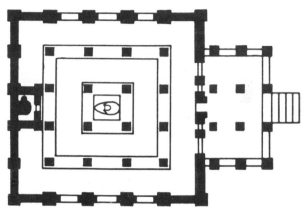

Grondplan van de Lād Khān tempel

Lād Khān tempel.

25

g) De oudste tempel (in Zuid-India?) dateert van 450 n.C., en is genoemd naar de muslim Lād Khān uit de vorige eeuw. Het vierkant grondplan is mogelijk niet van religieuze oorsprong [ ], maar zou een copie zijn van een bestaande (houten?) vergaderzaal van de Dorpsraad (panchāyat).

De kleine toren werd later toegevoegd, mogelijk toen de oorspronkelijke boeddhistische tempel gebrahmaniseerd werd. De pilaarconstructie en de geenszins functionele balken boven op het dak doen denken aan de imitatie van bestaande houten structuren. Het centrale dak rust op het lagere dak. Opvallend ook is dat er slechts één gesculptuurde pilaar is.

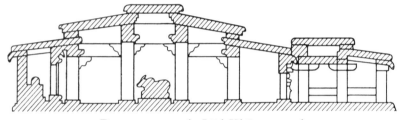

Doorsnee van de Lād Khān tempel

2. De grottempels in Bādāmī

De plaatsnaam Badiamoi wordt reeds vermeld door Ptolemaeus (150 n.C.). De Chālukya's werden bezocht door de Chinese pelgrim/reiziger Hsüan Tsang (650). In Bādāmī zijn op een relatief klein domein 4 grottempels, een dozijn tempels en ruïnes van 2 forten te vinden.

De grottempels hebben, omwille van de natuurlijke ligging van de rots, de ingang naar het noorden. Volgens de regels van de oude Indische architectuur moet de ingang van een heilige plaats naar het oosten gericht zijn.

1. *Cave 1* werd uitgehouwen vóór 578 — het jaar waarin Cave 3 (met inscriptie) werd gekapt. *Rechts* (a) ziet men **Shiva Nat-rāj** [], met — heel uitzonderlijk — 18 handen. In twee handen boven het hoofd houdt hij een slang vast, in zijn rechterhanden een apetrommeltje, een krans, een lasso enz. In zijn linkerhanden draagt hij een drietand, een vīnā-

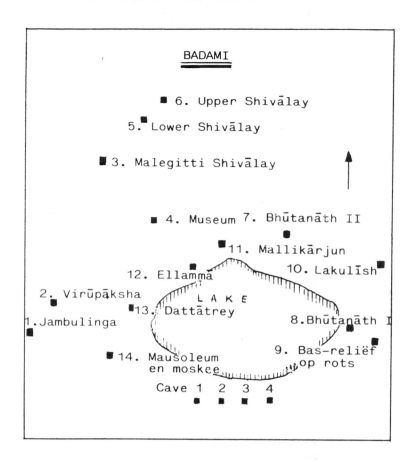

BADAMI

■ 6. Upper Shivālay

5.■ Lower Shivālay

■ 3. Malegitti Shivālay

■ 4. Museum 7. Bhūtanāth II
■
■11. Mallikārjun
12. Ellammā 10. Lakulīsh■
2. Virūpāksha L A K E
1.Jambulinga ■13. Dattātrey
8.Bhūtanāth I
9. Bas-reliëf
■14. Mausoleum op rots
en moskee
Cave 1 2 3 4
■ ■ ■ ■

muziekinstrument enz. Op zijn voorhoofd is een maansikkel. Men heeft becijferd dat door telkens één rechterhand en één linkerhand te beschouwen, Shiva hier kan gezien worden in 81 verschillende danshoudingen. De glimlach op zijn gelaat verraadt niet de inspanning van de dans!

In het *westelijk portaaltje* buiten de veranda staat **Mahīshāsur-mardinī Durgā** [ ] (b), de gezellin van Shiva, die de buffeldemoon Mahīsh doodt; dit doet ze met (slechts) twee handen en een glimlach op het gelaat, als teken van haar superioriteit. In haar twee vrije handen houdt ze een wiel en een kinkhoorn (symbolen van Vishnoe [ ]).

Op het voetstuk staan 10 dwergen afgebeeld en bovenaan twee hemelfiguren (gandharva) met bloemenkransen.

27

Shiva Nat-rāj, Cave 1.

Cave 1.

28

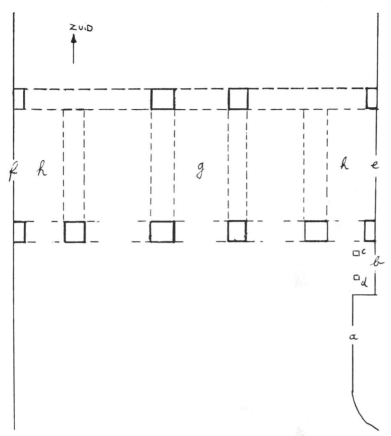

Grondplan van Cave 1 in Bādāmī

Aan haar rechterkant zit Kārttikey (c), de zoon van Shiva, op zijn pauw, met onderaan een ingewikkelde dwergen-combinatie.

Aan haar linkerkant ziet men Ganesh (d), de andere zoon van Shiva: hij wordt ook Gajānan geheten, „met het olifanten-gezicht'. In zijn linkerhand houdt hij de symbolische schotel modak-snoepjes.

Op de *westelijke muur* in de veranda ziet men **Ardh-nārīshvar** (e) [ ], de combinatie van Shiva en zijn gezellin Pārvatī. De halve Shiva herkent men aan de maansikkel, de schedel in zijn haar, zijn strijdbijl en slang, en het tijgervel. Zijn derde oog wordt op het voorhoofd van Pārvatī vervolledigd als een kumkum of tīkā, het make-up puntje dat Indische

29

vrouwen geregeld aanbrengen op het voorhoofd. De asceet Bhringī staat er als een geraamte bij. Dit was zijn straf omdat hij alleen rond Shiva wilde stappen, en niet rond Pārvatī; deze rondgang (pradakshinā, met de rechterhand naar het schrijn) is nu nog gebruikelijk bij het bezoek aan een heiligdom. Om hem te verplichten ook rond haar te stappen verkreeg Pārvatī het voorrecht in één lichaam met Shiva te worden verenigd. Bhringī was koppig en doorboorde de gemeenschappelijke navel en vloog rond Shiva als een bij.

Uiteindelijk werd de ruzie tussen Bhringī en Pārvatī bijgelegd.

Ardh-nārīshvar, Cave 1.

In de *oostelijke muur* van de veranda staat **Harihar** (f) [ ], de combinatie van Shiva en Vishnoe. Shiva herkent men aan de attributen reeds vermeld voor Ardh-nārīshvar (e); naast hem staan zijn gezellin Pārvatī en de stier Nandi.

Naast Vishnoe staan Lakshmī en Vishnoe's rijdier, de Arend Garud, in menselijke vorm.

Rechts van Harihar staat een deurwachter (dvārpāl), met onderaan een stier-olifant combinatie en bovenaan **Vrishabh-ārūdh-mūrti** [ ] (Shiva en Pārvatī op de stier Nandi).

In het *plafond* (h) zien we hemelse koppels (gandharva) en in het midden (g) de vijfkoppige slangenkoning (ādishesha) met een menselijk hoofd.

Ādi-Sheshnāg, Cave 1.

De beelden op de 16 pilaren in de hal binnenin zijn meestal van erotische aard.

2. Ook *Cave 2* werd gehouwen vóór 578, het jaar waarin Cave 3 werd uitgekapt. Aan weerskanten van het platform staat een deurwachter (dvārpāl) met gezellin; elke deurwachter draagt slange-armbanden.

Op de *westelijke muur* in de veranda staat **Vāman Trivikram** [ ]: Vishnoe die als dwerg van de demoon-koning Bali zoveel land beloofd kreeg als hij in drie stappen kon overschrijden. Men merkt onderaan de brahmaan die water giet, als bevestiging van de schenking van land. In zijn kosmische vorm bevrijdde Vishnoe aldus de gehele cosmos van de tirannie van de demonen.

31

Vishnoe verschijnt met 8 armen, terwijl verscheidene helpers van Bali proberen om Hem aan te vallen.

Vāman, Cave 2.

De vroege beeldhouwwerken van goden in de grottempels zijn volgens een kosmische symboliek geconcipieerd [ ].

Op de *oostelijke muur* in de veranda ziet men het basreliëf van **Vishnoe** als **Ever (varāh)**. De demoon Hiranyaksha had de godin Aarde (Bhū-devī) in de onderwereld verbannen en om haar te redden nam Vishnoe de vorm aan van een Ever en haalde haar terug naar boven. De Aarde staat op een lotus op Vishnoe's linkerhand. De typische pratyālīdh lichaamshouding van Vishnoe (naar rechts stappend) drukt de dynamiek uit. Een vijfkoppige slang onderaan vereert Vishnoe.

Op het *plafond* merkt men de resten van oorspronkelijk schilderwerk.

Bovenaan de pilaren, langs binnen, staan (merkwaardig vroege!) basreliëfs met anecdoten uit het leven van Krishna.

32

Varāh, Cave 2.

Aan de ingang van het schrijn staan twee bewakers, Padma-nidhi (oostkant, met lotus) en Skandh-nidhi (westkant, met kinkhoorn).

Noot. Langs een steile trap — die begint iets lager dan Cave 1 — bereik je een natuurlijke grot met de boeddhistische Padmapāni, en verderop de ruïne van het zuidelijk fort.

3. *Cave 3* alleen al is de verplaatsing naar Bādāmī waard. Er zijn twee belangrijke inscripties, één bij (a) waarin een zegen wordt uitgesproken over allen die dit schrijn bezoeken. Op de tweede inscriptie (bij e) staat gebeiteld dat deze Vishnoe tempel werd uitgekapt in opdracht van Mangalesh in 578, in het twaalfde regeringsjaar van zijn oudere broer Kīrtivarma I.

a. Vishnoe als **Vāman Trivikram** [ ] en als
b. **Narsinha.** De demoon Hiranyakashipu had van Brahmā alleen-

33

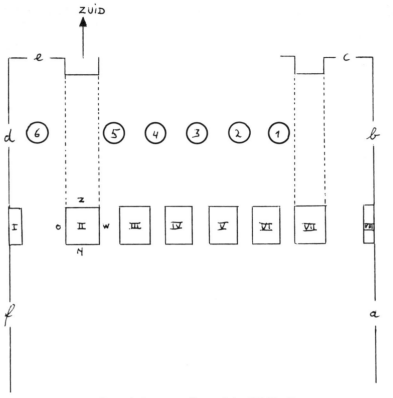

Grondplan van Cave 3 in Bādāmī

heerschappij gekregen over alle goden, zelfs over Indra. Maar zijn eig
zoon Prahlād bleef Vishnoe vereren en Hiranyakashipu maakte hem l
leven zuur. Telkens kwam Vishnoe op het laatste nippertje Prahlād v
de dood redden. Maar wie kon deze demoon vernietigen: hij zou n
sterven overdag en niet 's nachts, niet buiten en niet binnen en hij k
niet gedood worden door mens of dier. Op zekere dag wordt Prahl
uitgedaagd door zijn vader om te zeggen waar Vishnoe is. Prahl
antwoordt dat Hij alomtegenwoordig is. Op dat ogenblik springt Vis
noe uit een pilaar, in de vorm van een man-leeuw en een verschrikkel
gevecht begint. Hiranyakashipu wordt tenslotte gedood op de dremp
van zijn huis, bij het vallen van de avond.

De prachtige figuur van Vishnoe als Narsinha straalt kracht en trio
uit. Hij is omgeven door hemelse figuren met bloemen. Aan z

34

Vāman, Cave 3.

Narsinha, Cave 3.

35

rechterkant onderaan staat wellicht Prahlād, met boeddhistische haartooi; links staat de Arend Garud in menselijke vorm.

c. **Harihar** [ ]. Op de pilaster staat Kāmdev (Cupido) met boog en pijlen.

d. Op de *oostelijke muur* is **Vishnoe** afgebeeld, zittend op de slang Sheshanāg (gewoonlijk is hij liggend afgebeeld). Rechts van hem staat de Arend Garud en links Lakshmī. Onderaan staat een rij musicerende hemelse dwergen.

Vishnoe op slang Shesh-nāg.

e. **Varāh,** of Vishnoe die als Ever de godin Aarde redt [ ]. De Aarde rust hier op één van zijn linkerhanden en steunt lieflijk op zijn schouder. In hetzelfde bas-reliëf ziet men nāg's of slangefiguren die Vishnoe vereren. Op de rechtse pilaster staat de zeer belangrijke inscriptie met de vermelding van het jaar 578[ ].

f. Buiten de veranda staat het 3,20 m hoge beeld van **Vishnoe Virāt**

Varāh, Cave 3.

Purush of Grote Mens. In zijn acht handen houdt hij zijn attributen; boven zijn hoofd staat Narsinha.

De pilaren van de veranda staan vol prachtige beeldhouwwerken. Om identificatie mogelijk te maken zijn de pilaren genummerd op het grondplan van Cave 3 (I-VIII) en de kanten zijn aangeduid met de windrichtingen.

Opmerkelijk is dat op de *noordkant van elke pilaar* een Yāli-monster is afgebeeld.

1. Naast een amoureus koppel staat een **Sāl-bhanjikā**[1] (rechts) en een Yāli monster(links).

---

[1] Letterlijk zou Sāl-bhanjikā betekenen ‚zij die een sāl-tak of -bloem afbreekt', en zou dan verband houden met een oud sāl-feest. De term werd na verloop van tijd gebruikt voor elke vrouwefiguur op een pilaar. Andere geleerden wijzen op de bekende ritus waarbij een bloem of boom bevrucht wordt door contact met een vrouw.

Zie S. Settar, Salabhanjikas with special references to the Images at Belur, in B. Sheik Ali, *The Hoysala Dynasty*, Mysore, 1972, blz. 201-214.

Vishnoe Virāt Purush, Cave 3.

2.o. Een nāg-paar staat in lieflijke omhelzing.

  z. Een Sāl-bhanjikā kijkt in een spiegel.

  w. Shiva schijnt de struikelende Pārvatī te ondersteunen. Wordt zij bedreigd door een slang?

3.o. Ardh-nārīshvar (Shiva en Pārvatī).

  z. Een mooie (verdrietige?) Sāl-bhanjikā in een prachtige setting.

  w. Een koppel, in lieflijke ‚toenadering'.

4.o. Een zeer aantrekkelijk koppel onder een boom.

  z. Een mooie Sāl-bhanjikā.

  w. Koppel, in lieflijke ‚toenadering'.

5.o. Kāmdev, de god van de liefde en zijn gezellin Rati.

  z. Een verdrietige vrouw onder een boom met 2 pauwen.

  w. Shiva en Pārvatī; achteraan zit Kārttikey [ ] op zijn pauw.

6.o. Verliefd koppel; zij is in minisaree en probeert haar borst te bedekken.

38

z. Beeld van een mooie vrouw.

w. Verliefd koppel.

7.o. Verliefd koppel.

w. Sensueel beeld van Shiva en Pārvatī.

8.o. Mooi koppel, in een erotische houding.

z. Sāl-bhanjikā, met veel juwelen.

De onderdelen van het *plafond* (hier genummerd 1-6, van west naar oost) hebben indrukwekkende beelden van godheden, te herkennen aan hun rijdier [ ]. Dit werk werd uitgevoerd in de massieve rots en niet, zoals bij gebouwde tempels, in stukken graniet die later werden ingezet.

1. De god Varun, en een makar-monster.

2. Brahmā op de zwaan

3. Vishnoe, in het gezelschap van Brahmā, Yam (god van de dood) enz.

4. Shiva op Nandi, met Pārvatī.

5. Indra.

6. Varun, en het makar-monster.

De ‚steunbalken' boven de pilaren aan de buitenkant illustreren episoden uit het leven van Krishna; aan de binnenkant ziet men het karnen van de melkzee [ ].

Binnen in het schrijn ziet men bovenaan een grote Garud.

4. *Cave 4* is aan Jain Tīrthānkars gewijd en is recenter dan de vorige 3.

Op de westelijke muur van het platform (rechts) vóór de veranda ziet men Mahāvīr, de 24ste Tīrthānkar en de eerste historische figuur van het Jainisme, 'stichter' van het Jainisme en tijdgenoot van de Boeddha (ca. 500 v.K.).

Op de westelijke muur in de veranda staat de 7de Tīrthānkar Suparshvanāth afgebeeld, en niet Pārshvanāth (de 23ste), zoals soms wordt beweerd. Suparshvanāth heeft een vijfkoppige cobra-kroon (Pārshvanāth normaal zeven).

In de oostelijke muur van de veranda staat Bahubali of Gomateshvar afgebeeld. Dit beeld is ouder dan het bekende reuze-beeld in Shravanbelgola.

Suparshvanāth, Cave 4.

Op de westelijke (en oostelijke) muur in de zaal staat een twee meter hoog beeld van Mahāvīr.

Het schrijn is gewijd aan Ādināth, de eerste Tīrthānkar, in basreliëf afgebeeld op de zuidelijke muur.

3. *Tempels in Bādāmī*

Na de zeer mooie, vroegste bouwkunst van de Chālukya's in Aihole, ziet men in Bādāmī een aantal kleine maar heel pittoreske tempels die een verdere evolutie vertonen in de vroege tempelbouwkunst van India.

Opvallend is dat slechts weinig tempels hier de ingang hebben naar het oosten, wat strikt is voorgeschreven in de hindoe Boeken over Architectuur en in de latere Zuid-Indische tempels streng wordt nageleefd. Uit een aantal basreliëfs op deze tempels blijkt ook dat bepaalde anecdoten uit bv. het leven van Krishna reeds heel vroeg als resultaat van een bestaande devotie in stenen werden vereeuwigd, lang vóór ze in Noord-India (Vrindāban) het onderwerp waren van volkse devotie [ ]. Aanvankelijk waren de Chālukya's vereerders van Vishnoe. Hun emblemen treft men nog in de tempels op de deurstijlen aan: de Ever (Varāh) die de godin Aarde uit de grond boort, en de Arend (garud).

1. Het bouwjaar 698 van de *Jāmbulinga* tempel in het dorp is bekend uit een inscriptie. Uit een andere inscriptie weet men dat de tempel geen belastingen moest betalen. Zoals nog enkele vroege Chālukya tempels heeft ook deze tempel de ingang uitzonderlijk naar het noorden gericht. Boven de ingang zijn Brahmā, Shiva en Vishnoe naast elkaar afgebeeld en er zijn drie schrijnen. Verder zijn er bas-reliëfs van Shiva en Pārvatī op de Stier Nandi, van de driekoppige Brahmā en van Vishnoe met vier armen. Het plafond binnen is uitvoerig van beelden voorzien, met o.a. een vijfkoppige Ādishesh met menselijk gelaat en slangenlijf. In het westelijk schrijn staat een grote Lingam; merkwaardig genoeg is de Arend Garud (rijdier van Vishnoe) afgebeeld boven de ingang.

Het noordelijk schrijn is aan Vishnoe gewijd zoals blijkt uit het grote wiel in het plafond. Het beeld zelf ontbreekt. Ook in het zuidelijk schrijn ontbreekt het beeld (van Brahmā?).

De bakstenen toren boven het Vishnoe schrijn is duidelijk van latere datum, wellicht uit de Vijaynagar periode.

2. De *Virūpāksha tempel* (12e e.) heeft een stervormig grondplan en is nog altijd een centrum van verering van Shiva.

3. De *Malegitti Shivālay* („ālay' of tempel van Shiva „van de bloemen-krans-vrouw") is prachtig gesitueerd op de flank van de berg (waar-boven het noordelijk fort staat), met de ingang naar het oosten. Bij de ingang staat een inscriptie uit de 8e eeuw die de bouwer vermeldt (niet een bloemenkrans-vrouw, wat de lokale traditie suggereert). De inscrip-tie van 1543 op een pilaar vermeldt dat een fort werd gebouwd door een Nāyak ridder. De tempel heeft een sober grondplan en Dravidisch torentje (met achthoekige koepel). Het is een verdere evolutie van de Mahākūt tempelspits [ ]. Op de buitenmuur aan weerskanten van het portaaltje staat een deurwachter.

Op de zuidelijke muur staat een naakte **Shiva,** met 4 handen en op de

Malegitti Shivālay.

noordelijke muur een eveneens naakte **Vishnoe**. Aan weerskanten van de *ingang naar het schrijn* staat **Kāmdev** — de god van de liefde —, met zijn gezellin Rati. Boven de ingang naar het schrijn staat het veel voorkomend Chālukya symbool van de arend Garud (rijdier van Vishnoe) die twee slangen vasthoudt. In het plafond is een afbeelding van **Vishnoe** op Garud: dit zou er op wijzen dat de tempel oorspronkelijk aan Vishnoe was gewijd en later aan Shiva. Merkwaardig ook is de afbeelding van de god **Sūrya** (zon) in het plafond bij de ingang naar het schrijn.

4. *Museum*

5. Op weg naar de *Lower Shivālay tempel* komt men langs een poort van het noordelijk fort. De tempel — waarvan alleen nog het schrijn en de bovenstructuur bestaan — is wellicht van ca. 640. Opvallend is de koepelvorm van de bovenstructuur; dit vinden we later terug in de Indo-Saraceense stijl.

42

6. In de *Upper Shivālay* tempel is vooral het basreliëf op de zuidelijke muur merkwaardig: daarin wordt de episode van de **Govardhan berg** afgebeeld. In de biografieën van Krishna wordt verteld hoe Krishna

Upper Shivālay.

de woede van de regengod Indra afkeerde en de streek van Vrindāban (ten zuiden van Delhi) van een overstroming redde door de Govardhan rotsformatie gewoon op te heffen als een regenscherm boven geheel het gebied. In het dorpje Govardhan kan je de devotievolle herinnering aan dat mirakel heden nog meemaken. De zeer vurige devotie tot Krishna is in de streek van Vrindāban vooral ontwikkeld na de komst van Chaitanya in de 15e e.

Op de *oostelijke buitenmuur* staat een afbeelding van **Krishna** die de slang Kāliy verslaat. Op de *noordelijke muur* staat **Narsinha** of Vishnoe als Man-leeuw, die met acht armen de ingewanden van Hiranyakashipu uitrukt. Uit al deze basreliëfs kan men concluderen dat de tempel oorspronkelijk aan Vishnoe was gewijd en dat de Lingam later is aangebracht. De toren boven het schrijn is van het nāgar [ ] of Noord-Indische type.

7. *Bhūt-nāth II*. De vier tempels (wellicht 12e e.) hebben hun ingang

43

Krishna tilt de Govardhan
berg op (Upper Shivālay).

naar het noorden. De Vishnoe symbolen in de tempels bevestigen dat de
Lingam binnenin later werd aangebracht. De noordoostelijke tempel in
deze groep heeft een toren boven het schrijn en een boven de hal.

8. *Bhūt-nāth I.* De hoofdtempel heeft de ingang naar het water in het
westen, en is gewijd aan Shiva, genaamd Bhūt-nātha (Heer van de
geesten). Deze tempel zou van de 7e e. zijn en heeft veel veranderingen
ondergaan. Boven de ingang is geen ,ingangs-embleem' maar een figuur
die op Kuber lijkt; dit is een Jain karakteristiek.

Bij de ingang van het schrijn staan de godinnen Gangā (r., op de
krokodil) en Yamunā (l., op de schildpad). Boven het schrijn staat een
Noord-Indisch [ ] torentje. In de nissen aan de buitenkant vindt men
alleen nog een beeld van Vishnoe.

Deze tempel was wellicht oorspronkelijk aan Vishnoe gewijd, werd
later door de Jains overgenomen die de beelden verwijderden, en werd
nog later een heiligdom van Shiva.

9. Het basreliëf op een rots in het veld stelt verscheidene godheden voor. Van links naar rechts ziet men:
Vishnoe als **Varāh** of Ever, die de godin Aarde redt [ ].
Ganesh, zoon van Shiva, met vier armen.
Brahmā, Shiva en Vishnoe, elk met zijn attributen.
Mahīsh-asur-mardinī Durgā, de gezellin van Shiva die de buffeldemoon verslaat [ ].
Vishnoe als **Narsinha** die Hiranyakashipu doodt.
Een Lingam.
Onderaan zijn tien slange-figuren.

Een prachtige **Vishnoe op de Cosmische Slang** is gehouwen uit de andere kant van deze rots. Zijn gezellin Lakshmī en zijn rijdier Garud staan bij hem. Brahmā, met drie hoofden, ziet men op de lotus die uit de navel van Vishnoe komt.

Naar de *Arali Tīrth* kan men van hieruit klimmen in het gezelschap van een gids.

10. De *Lakulīsh tempel* is gewijd aan Shiva die zich incarneerde in de vorm van Lakulīsh, of ,hij met de knuppel' [ ].

11. De *Mallikārjun* tempel, achter een muur, heeft een stervormig grondplan en is naar het oosten gericht. Wellicht uit de 11e eeuw.

12. Ook de *Ellammā* tempel was oorspronkelijk wellicht aan Vishnoe gewijd, zoals mag blijken uit de vele attributen overal zichtbaar. De inscriptie uit de 12e eeuw vermeldt nochtans dat de tempel werd gebouwd voor Shiva. Het is niet onmogelijk dat de steen met de inscriptie van een andere plaats afkomstig is.

13. De *Dattātrey tempel* is gewijd aan **Dattātrey** die een incarnatie is van Brahmā, Shiva en Vishnoe. Het prachtige beeld is uit zwarte steen gehouwen. Dattātrey wordt hier uitzonderlijk met slechts één hoofd afgebeeld. Op het voetstuk ziet men de rijdieren van de drie goden, met name de zwaan, de stier en de arend.
Het beeld van de grote filosoof Shankarācārya is uiteraard van recente datum.

Mahākūteshvar (l.) en Sangameshvar tempel (r).

Shiva Ardh-nārīshvar,
Mahākūt.

4. *Mahākūt*

Even buiten Bādāmī, bij een vijver, staat een 17de eeuwse tempel gewijd aan **Pārvatī | |**. Daar staat een indrukwekkende pilaar die voor bepaalde feesten wordt vol gezet met olielampjes. Naast deze tempel staat een Chālukya [ ] tempel.

Een tiental km verder, in Mahākūt, staan de Sangameshvar tempel en de Mahākūteshvar tempel (601), te midden idyllische rust. Je geraakt er gewoon niet weg. Boven de vierkante cella van de Mahākūteshvar staat een proto-Dravidische spits, een belangrijk en vroeg voorbeeld van deze stijl (vergelijk met de Malegitti tempel in Bādāmī, [41]). Rond de koepel staan miniatuur modellen van gebouwen. Op de buitenmuren van deze zeer oude tempel, gewijd aan Shiva, staat o.a. een mooi beeld van Shiva **Ardh-nārīshvar** [ ] en van **Harihar.**

In de vijver staat een vierkoppige Lingam.

Hari-har.

47

Vierkoppige Lingam.

Lakulīsh (Sangameshvar t.).

5. *Pattadakal*

Het tempelcomplex van Pattadakal ligt, zoals Aihole, langs de Malprabhā rivier. Je stapt de site, beschermd door de Archeologische Dienst, langs de westkant binnen.

1. In de *Kad Siddheshvar tempel* zie je afbeeldingen van Shiva en Pārvatī met de Stier Nandi, Brahmā, Vishnoe, Ardh-nārīshvar en Harihar.

Kad Siddheshvar t., Jāmbulinga t. en Galag-nāth t. (van l. naar r.).

De Lingam is van graniet en kan dus niet lokaal zijn.

2. *Jāmbulinga tempel* (699) met Dravidische toren.

3. De *Galag-nāth* (Heer van ,galag' of bamboe) heeft een mooie Noord-Indische ,gebogen-lijn' toren (shikhar) [ ] die eindigt in de typische lotus-structuur (āmalak). Je ziet er een reliëf van Shiva met acht armen, die Andhak doodt (let op de drietand) en een afbeelding van Shiva als Nat-rāj. Boven de beschadigde Nandi buiten heeft ooit een portaal gestaan.

4. De *Chandra Shekhar tempel* is half vernield.

5. De *Sangameshvar tempel* dateert van ca. 725 en is een verdere ontwikkeling van de Mahākūteshvar tempel [ ]. De rechthoekige, dravidische koepel en sculpturen zijn in Pallav stijl.

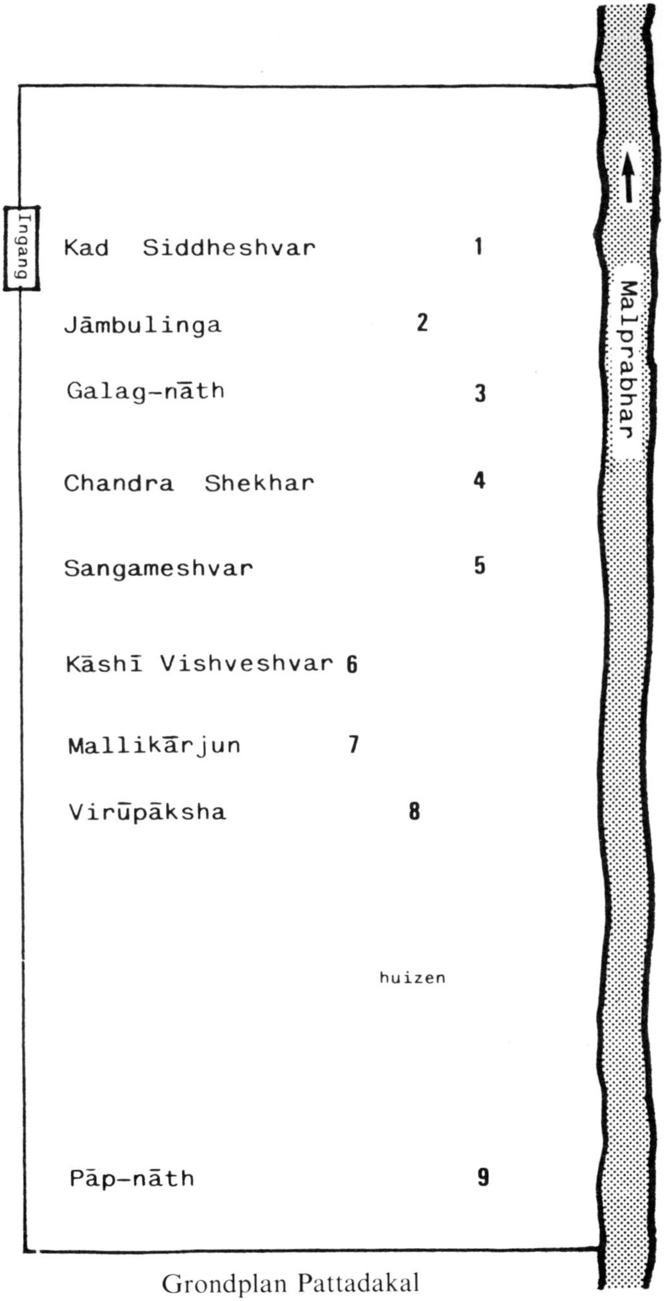
Ingang
Kad Siddheshvar 1
Jāmbulinga 2
Galag-nāth 3
Chandra Shekhar 4
Sangameshvar 5
Kāshī Vishveshvar 6
Mallikārjun 7
Virūpāksha 8
huizen
Pāp-nāth 9
Malprabhar

Grondplan Pattadakal

Galag-nāth tempel.

Sangameshvar tempel.

6. *De Kāshī Vishveshvar tempel* heeft een Noord-Indische toren — even breed als de cella met Shiva en Pārvatī in de toren-nis. De āmalak bovenop ontbreekt. Er zijn afbeeldingen van Krishna en de Govardhan berg [ ]; van Rāvan die de berg Kailash optilt [ ]; van het huwelijk van Shiva en Pārvatī [ ]. Bij de ingang staan deurwachters (dvārpāl's), de godinnen Gangā en Yamunā en de Arend Garud.

7. In de *Mallikārjun tempel* (744) zijn prachtige, versierde pilaren, afbeeldingen van Garud en reliëfs met verhalen over Krishna. De toren is dravidisch en heeft een ronde spits; de Virūpāksha tempel (8) heeft een vierkante spits. In het plafond is een prachtig reliëf van Shiva die de Tāndav dans uitvoert, op de demoon [ ]. Er is ook een zeer elegant koppel: de man nodigt zijn vrouw uit om te drinken, maar zij wijst hem af.

8. De prachtige *Virūpāksha tempel* (ca. 740; gewijd aan Shiva) vertoont gelijkenis met de Kailāsh-anāth tempel te Kānchīpuram [ ] (zie de pilaren en de aparte mandap voor Nandi). Dit is te wijten mede aan de aanwezigheid van Pallav architecten. De tempel is gebouwd door Vikramāditya II, die Kānchīpuram [ ] veroverde en er kunstenaars ‚overtuigde’ of aantrok om naar Pattadakal te komen. Zoals in de Kailāshnāth tempel in Kānchī staat ook hier de Stier Nandi in een apart

Mallikārjun tempel.

52

Virūpāksha tempel.

‚Karnen van de melkzee’
(idem)

53

portaal. Het is heden nog een cultus tempel, vooral rond de middag, met een mooie toren. Het binnenportaal heeft 20 pilaren (4 in de aparte mandap), op voorhand gesculptuurd en nadien toegevoegd. De zware ,dakgoten' zijn duidelijk een imitatie van bestaande, houten structuren.

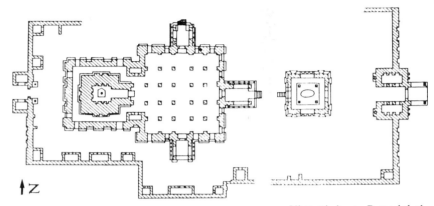

Virūpāksha t., Pattadakal.

Rāvan schudt de berg Kailāsh (idem)

In het plafond van het portaal zie je de god Sūrya (zon) met 7 paarden. Er zijn tal van afbeeldingen op de buitenmuren: Ardh-nārīshvar, Harihar, Nandi en Garud, Vishnoe, Rāvan, Ganesh, en Rām. Er zijn ook fijne afbeeldingen met verhalen uit de Mahābhārat.

,Nederdaling van de Ganges'
(idem)

In het linkse zijportaal zie je Shiva als nat-rāj en Vishnoe die Gajendra redt. Rechts Rāvan die de berg Kailāsh opheft en een duel tussen Narsinha en Hiranyakashipu [ ]. Bij de cella (garbh-grih) zie je rechts een prachtige afbeelding van **Mahīsh-asur-mardinī Durgā**.

9. Met zijn meer geëvolueerde stijl heeft de *Pāp-nāth tempel* (Heer die ,pāp' of zonde verwijdert; ca. 680) een prachtige toren, een groot portaal en een ingangshal, met o.a. **Mahīsh-asur-mardinī** [ ]. In het plafond zie je Shiva als Nat-rāj: zijn gezicht kan je vanuit twee hoeken bekijken. Op de logge buitenmuren zijn er taferelen uit de Rāmāyan.
Op de zuidelijke buitenmuur zijn er twee nissen, met ongelijke pilaren

55

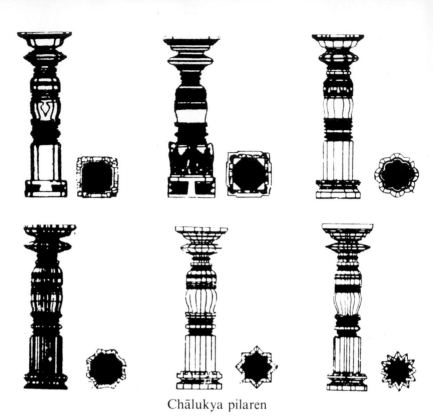

Chālukya pilaren

Pāp-nāth tempel.

56

en ongelijke nis-kronen. Wat bezielde de architect, of is deze tempel een duidelijk architecturaal experiment?

Een zeer primitieve, Dravidische toren is te zien op de oude Jain tempel, een km ten westen van de Pattadakal site.

6. *Alampur*

De Brahmā tempels van Alampur in Andhra Pradesh worden niet vaak bezocht, hoewel ze merkwaardige getuigen zijn van de evolutie naar het hoogtepunt van de Chālukya macht en kunstzinnigheid.

Inscripties in rotsen en pilaren zijn belangrijk ook voor Alampur, het oude Halampura, dat reeds vermeld staat in een inscriptie van koning Rudrapurush-datta (295-306): een getuigenis dat een stuk land werd geschonken aan de lokale tempel. Ook op de pilaren van de Brahmā tempels zelf in Alampur worden inscripties aangetroffen, waardoor een precieze datering mogelijk is.

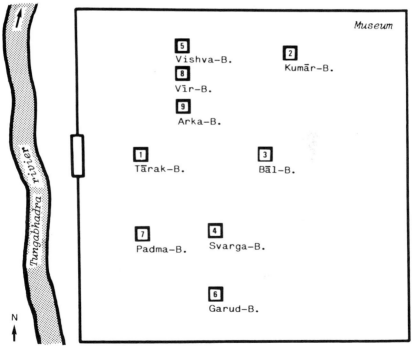

Grondplan van het Alampur tempelcomplex

De negen Chālukya tempels van Alampur bevinden zich in een versterkt domein, dat aan één kant beveiligd is door de Tungabhadra rivier.

Je stapt de tempel-burcht binnen langs de westelijke poort. Om het bezoek chronologisch te doen verlopen en een inzicht te krijgen in de evolutie van de Chālukya bouwkunst (met naar het einde Pallav invloeden), volgen we de orde hieronder aangegeven:

1. De *Tārak-brahmā tempel* is wellicht de oudste van het complex, hoewel over de naam van deze tempel twijfels bestaan: op het gebouw zelf werd geen enkele naam aangetroffen (vernield of nog ergens onder de grond?), alhoewel de naam gevonden wordt in lijsten van ‚De Negen Brahmā Tempels van Alampur’ in inscripties. Aan de ingang van de tempel vindt je de nu reeds vertrouwde figuren van de (rivier-)godinnen **Gangā** en **Yamunā**, met links een beeld van Ganesh in de vorm van een bloemenkrans. De rondborstige prototypes van Gangā en Yamunā vinden we ook bij de stupa's van Sanchi. Ze staan elk op hun rijdier: de krokodil (makar) voor Gangā en de schildpad (kūrma) voor Yamunā.

2. Het grondplan van de *Kumār-brahmā tempel* is bijzonder eenvoudig. Er zijn twee soorten pilaren, de ene hebben de Vaas van overvloed (pūrna-ghat) aan de basis, de andere Gaj-Lakshmī. Ze hebben sierlijke sculpturen. Merkwaardig is de monoliet in het voorportaal, met de **Zeven Moeders** (saptamātrukā) of de verschillende vormen van de gezellin van Shiva, nl. Brahmī, Maheshvarī, Kaumārī, Vaishnavī, Varāhī, Indrānī en Chāmundı.

3. De *Bāl-brahmā tempel* is gewijd aan Brahmeshvar (de opperste Brahmā). Bij de ingang zie je de beelden van **Brahmā** en van **Ardhnārīshvar.** Op de dwarsbalk is een beeld van **Gaj-lakshmī** en in de nissen staan de **Bewakers van de Acht Windrichtingen** (ashta-dik-pāl's): Indra (oost), Yam (zuid), Varun (west), Kuber (noord), Agni (zuid-oost), Nairuti (zuid-west), Vāyu (noord-west) en Īshān (noord-oost).

Op de muren zien we verder de **Zeven Moeders (sapta-mātrukā);** Mahīsh-asura-mardinī; **Pradosh-mūrti** of ‚Shiva die danst om de duisternis bij zonsondergang te verjagen'; **Kumār-svāmī,** die een andere vorm is van Kārttikey, met zes gezichten, gezeten op de pauw; **Kāl-Bhairav** of Shiva de schrikwekkende; **Lakulīsh,** die aan de oorsprong ligt van de Pāshupat secte; hij zou geleefd hebben in N.-W. India, rond 150 n.C. en wordt in de Purān literatuur aanzien als de 28ste incarnatie van Shiva. In zijn boek (Panchārtha-vidyā) worden griezelige devotiepraktijken tot Shiva voorgeschreven.

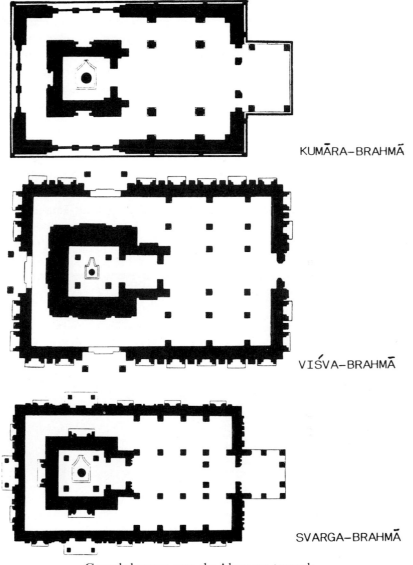

KUMĀRA–BRAHMĀ

VIŚVA–BRAHMĀ

SVARGA–BRAHMĀ

Grondplannen van de Alampur tempels

In de *binnenste rondgang* zien we een mooi beeld van **Shiva Ālingan-mūrti** of Shiva in lieflijke omhelzing met zijn gezellin Pārvatī. In dit beeld is hij ook Chandra-shekhar of ‚Hij die de maansikkel in zijn haar heeft'.

Op de *westelijke muur* van de cella staat een prachtige **Vrishabhārūdh-mūrti** [ ], of Shiva en Pārvatī gezeten op de stier. Shiva houdt een krans in zijn rechterhand en heeft zijn linkerhand rond de schouder van Pārvatī. Hij draagt een mooie kroon en de heilige draad van de brahmaan. Pārvatī zit op zijn linker dij, met één been opgetrokken.

Op de muren van het binnenplein zien we, naast Mahīsh-asur-mardinī en Shiva als Nat-rāj, ook **Vīnādhar Shiva** of Shiva die als leraar van muziek de luit bespeelt.

4. De *Svarg-brahmā tempel* vertoont een perfecte harmonie in structuur en heeft ook een reeks prachtige beelden.

De toren is vierkant aan de basis en heeft beelden van Shiva als Nat-rāj. Statig stijgt de toren in de lucht, geconstrueerd met kleine verdiepingen van emblemen en symbolen. Op de top zie je de lotus-āmalak's. De boog-lijnen geven aan de toren een majestatisch uiterlijk, zoals in de prachtige tempels van Bhuvaneshvar.

Svarga-brahmā tempel.

Bij de ingang staan indrukwekkende deurwachters (dvārpāl's): één ervan houdt een drietand. Boven de noordelijke deurwachter staat een inscriptie van koning Vinayāditya, gedateerd 704.

Aan de ingang van het portaal staan Gangā en Yamunā. In de cella staat een beeld van Svarga-brahmā.

Op de *buitenmuren* van de cella vind je de unieke beelden:

Zuidkant: **Kuber,** op de schouders van een man, een godheid op een stier en Shiva.

Noordkant: **Shiva** als Nat-rāj [ ].

Westkant: Vishnoe als **Vāman** Trivikram [ ].

Oostkant: Shiva als Nat-rāj; en als **Tripurāntak-mūrti** [ ]: Shiva wordt ervaren en vereerd als de Vernietiger van het kwaad, hier gesymboliseerd door de demoon Tripur. Shiva rijdt in een wagen die door Brahmā (met drie gezichten) gemend wordt. Hij heeft zes handen: in één hand houdt hij een slang, in een ander de drietand. Hij ziet er schrikwekkend uit.

Ook een beeld van Shiva als **Lingodbhav-mūrti** of Shiva ,die verschijnt in de Lingam' (ling-odbhav):

> Eens waren Brahmā en Vishnoe aan het redetwisten over wie nu eigenlijk de wereld had geschapen. Shiva verschijnt vóór hen in een kolom van vuur. Vishnoe bekent dat hij de oorsprong van dat vuur niet kent. Brahmā daarentegen getuigt valselijk dat hij dat vuur had ontdekt. Shiva vervloekt Brahmā voor zijn valsheid, met de straf dat hij nooit een eigen cultus zal hebben. Vishnoe wordt beloond door Shiva(!) met de belofte dat hij een cultus zal kennen die (bijna!) die van Shiva zal evenaren.

Heden is er, bij mijn weten, slechts één tempel in India (Pushkar), waar effectief oof Brahmā vereerd wordt.

In dit beeld zien we Shiva in zijn menselijke en stenen (phallus) vorm. In zijn boven-rechterhand houdt hij een bijl, in zijn boven-linkerhand een drietand. Zijn onder-rechterhand vertoont de ,vrees niet houding' (abhay-mudrā). Brahmā staat rechts: vliegend, en met zijn handen gevouwen, en in yoga houding. Vishnoe staat links met gevouwen handen en als de Ever [ ] (varāh) die in de aarde graaft.

Verder zien we de incarnatie-scène van de godin **Gangā** en wonderen uit het leven van **Krishna.**

5. De meest verfijnde beelden vinden we in *Vishva-brahmā tempel.* Bij de hoofdingang zien we **Gangā** en **Yamunā,** en de Arend Garud met de slang. Op de buitenmuren staan de **Acht Bewakers** (ashta-dik-pāl's) en **Gaj-Kacchap:** de olifant en de schildpad waren vervloekt om elkaar te blijven uitmoorden, tot de Arend Garud, rijdier van Vishnoe, uit meedogen hen doodde. Verder het verhaal van Pravarā en Varudhinī, die door een demoon, vermomd als brahmaan, werd

61

verleid en het leven schonk aan Manu, de ‚eerste mens'. Onderaan de muren zijn scènes uit het alledaagse leven.

6. In de *Garud-brahmā tempel* zien we de godinnen **Gangā** en **Yamunā** als deurwachters en op de dwarsbalk boven de buitenste en de binnenste ingang telkens de Arend **Garud** die Vishnoe draagt.

Garud-brahmā tempel.

7. Vóór de *Padmabrahmā tempel* ligt een muslim begraafplaats. Op de dwarsbalk van de cella (garbh-grih) zie je een mooi beeld van Shiva als **Dakshinā-mūrti:** Shiva, gezeten met het gezicht naar het zuiden, geeft onderricht aan wijzen over yoga, kennis en heilige boeken [ ].

8. *Vīr-Brahmā tempel* en 9. *Arka-brahmā tempel*
Verder is een bezoek aan het Museum de moeite waard.

HOOFDSTUK 2

DE GRANIETWERKEN VAN DE PALLAV'S

1. *Pioniers*

De Pallav's brachten een revolutionaire innovatie... en kapten in graniet. De rotstempels en rotsformaties van Mahābalīpuram (de oude benaming is Māmallapuram [ ]) en tal van andere plaatsen in het oosten van India zijn een blijvende getuigenis voor hun politieke grootheid en architecturale durf.

Twee groepen Pallav rotstempels worden onderscheiden, afhankelijk van de koning die er de opdracht voor gaf: *Mahendra* (of Mahendravarman I, ca. 580-630) en *Māmalla* (ca. 630-668). De rotstempels uit de Mahendra tijd zijn experimenten, met korte, dikke pilaren aan de ingang en zware ,dwarsbalken'. Over geheel het toenmalige Pallav rijk zijn deze Mahendra rotstempels te vinden[1] en het type werd in de latere generaties nagebootst, ook door andere dynastieën.

De Māmalla rotstempels daarentegen zijn alleen in Mahābalipuram te vinden. De pilaren zijn slanker en rond of meerhoekig en staan meestal op een leeuw of vyāl-basis; de afstand tussen de pilaren is ook groter.

Graniet is hard en we vinden in de Pallav rotstempels niet de gedetailleerde sculpturen die we bv. in Bādāmī [ ] vinden. Het zijn meestal bas-reliëfs, soms van reuze-formaat: details werden dikwijls aangebracht op plaasterwerk dat werd toegevoegd. Naarmate de evolutie verder gaat krijgen we Deurwachters (dvār-pāl) en reliëfs op de buitenmuren. In het schrijn zelf staat zelden een Lingam: alles wijst erop

---

[1] Mandagappattu is de eerste rotstempel van Mahendra, die trots vermeldt in een inscriptie dat hij ,de eerste is die voor Brahmā, Vishnoe en Shiva een huis opricht waarvoor geen steen of mortel werd gebruikt'. Hij zal wel van het bestaan van andere rotstempels iets hebben geweten, maar wijst er hier wellicht op dat hij als eerste in graniet werkte.

63

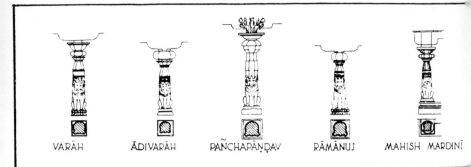

VARĀH   ĀDIVARĀH   PAÑCHAPĀNDAV   RĀMĀNUJ   MAHISH MARDINĪ

Pilaren in de rotstempels van Mahābalīpuram

dat in vroegere tijden een stucco Lingam of een schilderij was aangebracht. Er was duidelijk ook nooit een Lingam origineel behorend tot
deze schrijnen; immers, het afvoerkanaaltje dat bij elke Lingam hoort is
nergens aanwezig. Het voetstuk in veel rotstempels van de vroege Pallav
periode wijst er op dat het beeld van de godheid later werd aangebracht[2]. Later[3] vinden we op de achtermuur een bas-reliëf van de
godheid; dit vervangt de uitgekapte nis in de vroegere tempels, waarin
blijkbaar een houten afbeelding was geplaatst.

We kunnen ons gerust voorstellen dat een grote rivaliteit bestond
tussen de bestaande bakstenen en houten schrijnen en de Nouvelle
Vague in graniet. En de Boeken over Architectuur laten er geen twijfel
over dat de rotstempels maar moesten proberen aan de algemene
voorschriften te voldoen om in aanmerking te kunnen komen voor
heiliging. De afbeelding van de godheid bleef dus aanvankelijk een
schilderij of een houten plank. Pas later — na veel controversie? — werd
het beeld uitgehouwen, eerst in reliëf en dan alleenstaand. We vinden
ook een aantal tempels waar de Lingam van een ander gesteente is. Ook
komen in de vroegste Pallav rotstempels geen bas-reliëfs voor. Zoals in
West-India brachten de Pallav's plaasterwerk (en schilderijen) aan, ze
polijstten de rots niet.

[2] In de rotstempels van de Pāndyas (Madurai) daarentegen vormt de Lingam, en zelfs
de Stier Nandi, een vast onderdeel van de rotsformatie.
[3] Pas vanaf koning Parameshvar-varman (672-700) krijgen we — in Mahābalīpuram —
de eerste bas-reliëfs van Somāskanda [ ] (in de Mahīshāsur-mardinī rotstempel [ ], het
Rāmānuj-schrijn [ ], het Dharma-rāj Rath [ ] en het Atirnachanda-schrijn [ ]); van Durgā
(in het Draupadī Rath) en van Shiva, Vishnoe en Brahmashāstā (in de Trimūrti rotstempel
[ ]).

Gelukkig is naast de wetenschap die de architectuur en iconografie van de Indische tempels bestudeert, tegelijkertijd de handschriftenstudie geëvolueerd. De teksten over architectuur en iconografie die tijdens de ‚bouw'periode van deze tempels werden geschreven zijn gedeeltelijk ontdekt, bestudeerd en vertaald. Daarnaast komen op veel rotstempels ook inscripties voor. De lokale bevolking heeft aan de 5 Ratha's in Mahābalīpuram [ ] altijd een legendarische, mythologische oorsprong toegeschreven (vandaar de Vedische namen), tot de wetenschappers in staat waren om de inscripties te ontcijferen ... en de Pallav creativiteit onthuld werd.

Scripta manent. Dit geldt ook voor de werken in rots waardoor de Pallav's een innovatie brachten in de bouwkunst in Oost-India. Deze werken vervingen de bestaande houten of bakstenen gebouwen, die nu meestal vergaan zijn. Opvallend is dat alleen voor heiligdommen deze materie werd gebruikt. Voor de burgerlijke bouwkunst uit de periode bleef men de vergankelijke stoffen gebruiken. Vraag blijft of de Pallav's het graniet kozen omdat ze terplaatse niets anders vonden of...omdat er een uitdaging inzat, waardoor ze hun buren konden overtreffen?

Het uitkappen verliep niet zo ‚gemakkelijk' als op andere plaatsen, waar parallelle stukken konden worden uitgehaald. De Pallav's hebben verscheidene rotstempels niet voltooid, en die zijn een interessante illustratie van hun werkwijze voor latere onderzoekers en toeristen. Het was meedogenloos hamer- en beitelwerk. De zones voor de (niet-functionele!) pilaren van het voor-portaal werden aangeduid en daarnaast werden schachten gekapt, soms 4m diep. De ruimte werd uitgehaald door in de wand vierkanten van ca. 0,5m in omtrek enkele cm diep in te kappen. Langs deze sleuf werd dan naar naar de binnenkant van het vierkant verder ‚afgeschilferd'. Het blijkt dat twee ploegen aan het werk waren. Binnen werkten de ruwe kappers, terwijl tegelijk al aan de buitenkant de specialisten aan de detailafwerking begonnen: verscheidene grottempels zijn reeds afgewerkt aan de buitenkant, terwijl men binnen niet verder heeft gewerkt.

Gezien de ongelooflijke hardheid van graniet en de langere tijd nodig om te kappen kon ook minder tijd worden besteed aan de afwerking, wilde men klaar komen binnen de tijd door de koning gesteld. Alleen de boeddhisten in Ellorā en Ajantā konden generaties lang aan één project werken, onthecht aan het resultaat van hun arbeid. De steenkappers waren ook houtsnijwerkers (of ivoorsnijders) die een andere job vonden: voor velen onder hen moet het frustrerend geweest zijn dat ze niet met dezelfde nauwkeurigheid in graniet konden werken.

De pilaren uit de vroege periode zijn massief en lomp, zonder kapiteel of versiering zoals gebruikelijk in houten bouwwerken. Ongetwijfeld waren de rotstempels copieën van bestaande houten structuren en we krijgen een idee over die nu niet meer bestaande houten gebouwen door rotstempels te bestuderen. Zelfs niet-functionele draagbalken en koppen van nagels zijn op sommige plaatsen zichtbaar. Hoe de buitenkant van houten gebouwen er toendertijd uitzag kunnen we afleiden uit de 5 Ratha's [ ] die in Mahābalīpuram uit bestaande monolieten werden gekapt.

De Pallav rotstempels bestaan ofwel uit één enkele cella[4] of uit een cella met voorportaal. Deze laatste structuur was zeker (en is nog) een populaire manier van bouwen in hout of baksteen, in dorpen of in bedevaartplaatsen; het zijn structuren zonder veel pretentie, die in hun design millennia oud zijn. Naarmate ze het graniet beter de baas konden, kapten de latere Pallav's ook meer structuur-elementen in de rotstempels: gebogen dwarsbalken en dakgoten, gewelven en terrassen.

In India werden in het algemeen rotsformaties uitgekozen die bij een rivier of waterreservoir gesitueerd waren[5]. Niet toevallig ook is de keuze van de eerste Pallav koning, Mahendra: veelal koos hij een heuveltop waar een Jain heiligdom stond. Dit houdt verband met de revival van de devotie tot Shiva en tot Vishnoe, ten nadele van het Jainisme[6].

De Pallav Deurwachters (dvār-pāl) hebben twee armen en verschijnen soms in profiel. Alleen de deurwachters van Shiva schrijnen hebben veelal hoornen. Aan de ingang van Durgā schrijnen staan vrouwelijke Deurwachters (dvār-pālikā).

2. *Pallav kunst in Mahābalīpuram*

Op enkele uitzonderingen na[7] zijn alle rotstempels en de Ratha's gebouwd in de regeringsperiode van koning Māmalla, of in zijn stijl na

---

[4] De Tri-mūrti rotstempel in Mahābalīpuram [ ] en de Vishnoe rotscella in Kīlmāvilangai.

[5] Zoals de Vishnoe tempel in Mahendrapur en de tempel in Māmandūr.

[6] Bv. Tiruchirāppalli, Dalavānūr, Sīyamangalam. Een aantal rotstempels door andere dynastieën uitgevoerd zijn ook geassocieerd met Jain sites: Kudumiyāmalai, Tirupparankunram, Arittāpatti, Vīrashikhāmani, Kunnukkudi.

[7] De Kotikal Mandap en de Dharma-rāj Mandap zijn in de ,Mahendra stijl'.

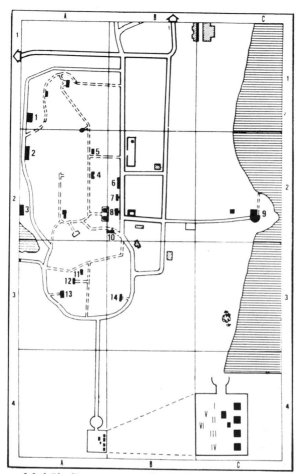

Mahābalīpuram aan de Golf van Bengalen

zijn dood. Om in één wandeling zoveel mogelijk de evolutie te zien, beginnen we met de *Onafgewerkte Mandap (1)*, ten noorden van de Koneri Mandap. Het is een interessant werk, met de vyāl's in de pilaren in verschillende stadia van afwerking. Deze rotstempel is een fijne illustratie van de werkwijze van de kappers, bijna 1500 jaar geleden. Het was blijkbaar de bedoeling een rondgang rond het centrale schrijn uit te kappen. Werd dit opgegeven omdat er zwakke plekken in de rotsen werden ontdekt? Het werk aan deze rotstempel wordt gedateerd naar het einde van koning Māmalla's regering (630-668).

Even naar het zuiden vinden we de *Koneri Mandap* (2), aan Shiva gewijd, met vijf cellen. De helling van de rotsflank verplichtte de kappers om onderaan meer weg te halen dan bovenaan; zodoende werd een vertikale voorgevel bekomen en tegelijk ook een platform vóór de rotstempel. Alles werd precies berekend zodat bovenaan nog een soort dakgoot kon worden uitgekapt.

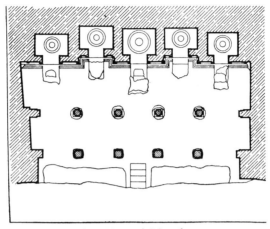

Plan Koneri Mandap

Hier is duidelijk te merken dat bv. de pilaren slanker en meer elegant zijn dan de tempels van het Mahendra type. In het tweede portaal zijn enkele stukken niet afgewerkt. De twee rijen pilaren zijn totaal verschillend in design. De eerder zware eerste rij pilaren plaatst deze tempel dicht bij de Mahendra periode en dus in het begin van koning Māmalla's regering. Aan de ingang van elk schrijn staan twee **Deurwachters,** alle verschillend van elkaar (voor zover men kan uitmaken). In elke cella is een voetstuk, waarop wellicht de Lingam (van een andere steensoort) werd aangebracht. Op de achtermuur is ook de nis zichtbaar waarin een (houten?) paneel was aangebracht. Men vermoedt dat alle vijf de schrijnen een vorm van Shiva hebben bevat, te oordelen naar de aanwezigheid van Deurwachters met hoornen. Later werd dit schrijn overgenomen door vereerders van Vishnoe die op de voorgevel de symbolen van Vishnoe kapten: zonneschijf en kinkhoorn.

De *Pulipudar Mandap* (3) is ook niet afgewerkt. Het was de bedoeling vijf cellas uit te kappen.

De *Varāh Mandap* (4) is uitgekapt uit een bijna vertikale flank. De keuze van de bas-reliëfs is niet toevallig! De Pallav koningen — zoals trouwens de vroege Chālukyas [ ] — identificeerden zich met de triomf van Vishnoe als Varāh over de demoon Bali [ ] of van Shiva's gezellin Durgā over de demoon Mahīsh [ ]. Het oude ‚cakra-vartin' ideaal van de Indische koningen werd ongetwijfeld nagestreefd door koning Māmalla.

Het Lakshmī paneel evoceert ook het verlangen naar rijkdom en voorspoed. Beide godheden zijn in één tempel aanwezig!

Op de *linkse binnenmuur* van het portaal is het **Varāh-paneel** [ ] uit graniet gehouwen: hij tilt de Aarde uit de onderwereld. Bijzonder geslaagd is de nauwelijks zichtbare overgang van de ever-nek naar de menselijke nek; dit is te zien ook in de Mahīsh-asur-mardinī grottempel [ ]. Vishnoe (de Ever) houdt in twee handen een zonneschijf en een kinkhoorn, met de andere handen houdt hij teder de Aarde vast. Zijn rechtervoet staat op de kap van de slang Shesh-nāg, terwijl zijn linkervoet zich als het ware afstoot om uit de onderwereld op te stijgen. Shes-nāg heeft een mensenhoofd en vijf cobra-kappen, en stijgt op uit het water. Met zijn snuit raakt de Ever de borst van de godin Aarde aan: haar bloes is naar beneden gevallen. Links achter Vishnoe staat Brahmā, met drie hoofden, en verder wellicht Nārad, met de luit. Onderaan is de gezellin van Shesh-nāg, half in het water. Bovenaan komen de god Maan (chandra, rechts, met gevouwen handen) en de god Zon (sūrya) uit de wolken.

Rechts is een **Vāman-paneel** [ ]. Vāman wordt hier afgebeeld als zou hij reeds twee van de drie werelden hebben doorkruist: tot aan zijn knie komt de onderwereld (bhū-lok) en tot aan zijn navel de tussenwereld. In drie rechtse handen houdt hij de zonneschijf, knuppel en zwaard, in de drie linkse houdt hij de kinkhoorn, ketak-bloem en boog. Brahmā, met vier armen, wast de opgeheven voet van Vishnoe. Rechts zit Shiva, ook met vier armen en, zoals Brahmā, op het niveau van Vishnoe's hoofd: dit is in de hemel! Tussen Brahmā en Vishnoe's hoofd staat Jāmbavān, met berekop, die op een trommel slaat. Rechts en links van Vishnoe's navel — dit is het niveau van de atmosfeer — zweven de Zon en de Maan.

In de *linkse nis* van het portaal staat **Gaj-Lakshmī** [ ]. Deze uitvoering straalt rust uit, overeenkomstig de inzichten van A. Boner [ ]. Lakshmī zit op een lotus, in het gezelschap van hemelse nymfen. Boven hen staan twee

69

olifanten (gaj), één in profiel. De rechtse olifant houdt een waterpot boven het hoofd van Lakshmī.

In de *rechtse nis* staat **Durgā**, recht en eerder stijf. Rechts van haar hakt een trouwe volgeling zijn eigen hoofd af. Boven rechts verschijnt een leeuw, links een antilope. Een gelijkaardige associatie met de leeuw is te zien in de Shore Tempel [ ] (Durgā in een nis in de borst van de leeuw) en in de Ādi-varāh Tempel [ ]. Opvallend is dat geen enkele Deurwachter hoornen heeft, wat typisch is voor de Pallav schrijnen gewijd aan Shiva.

De *Ganesh-rath* („voertuig van Ganesh', 5) is een monoliet-tempel vroeger aan Shiva gewijd. Nu staat er een beeld van Shiva's zoon

Ganesh-rath.

Ganesh. De pilaren staan op de leeuw, en in het voorportaal zijn er mooie inkervingen die illustreren hoe men te werk ging om het graniet vlak te kappen. Het dak — duidelijk een imitatie van bestaande houten of bakstenen tempels — is prachtig afgewerkt tot boven. In de inscriptie wordt vermeld dat de koning Parameshvar-varman I de tempel voltooide.

Het *reuze-reliëf (6)* wordt ‚Descent of the (godin) Ganges' [ ] geheten. Vroeger zag men hierin wel eens de Boete van Arjun (Kirāt-arjun [ ]). Dit beeldhouwwerk werd meesterlijk uitgevoerd, als men bedenkt dat het één groot stuk graniet is (27 bij 9 m.). De rots is naar het oosten gericht en wordt verlicht door de rijzende zon. Het thema van het reliëf is de dankbetuiging van mens en dier aan Shiva voor de wonderlijke gave van de Ganges. Het kunstwerk is typisch hindoe in die zin dat alle wezens, aardse en hemelse, in een éénheid verschijnen: voor de Hindoe leeft alles in het universum, alleen de graad van leven verschilt. De goden bovenaan zweven mee als wolken.

‚Nederdaling van de Ganges'.

Ten zuiden van de spleet (waardoor overtollig water van een afdamming werd afgeleid?) staan de figuren van mensen en dieren — levensgroot en naturalistisch gehouwen — gericht naar een centrale groep bij de spleet: daar staat een asceet bij de god Shiva (met vier handen). Daaronder staat een Vishnoe schrijn, en een aantal asceten in verscheidene yoga houdingen.

Ten noorden van de spleet staan nāg-figuren, half mens, half slang. Er staat ook o.a. een ascetische kat:aan haar voeten spelen de muizen!

71

Heel bovenaan, aan deze noordelijke kant, zou koning Mahendra zijn afgebeeld, met drie dames.

De *Five Pāndav Mandap* staat even ten zuiden van het reuze-reliëf. Onafgewerkt is dit wellicht de meest ambitieuze poging in Mahābalīpuram, met zijn pilaren op vyāl-basis en uitgebreid grondplan.

Pānc-Pāndav Mandap

Uitzonderlijk voor de Pallav stijl zien we hier vyāl's ook boven de pilaren (we vinden wel de vyāl's boven zijpilaren). Het was blijkbaar de bedoeling een rondgang rond het centraal schrijn uit te kappen. De ingangstrap vooraan is ook niet afgewerkt.

De *Krishna-mandap* (8) ligt iets verder ten zuiden en is uit dezelfde flank gekapt. Binnen is een merkwaardig bas-reliëf, waarop het verhaal staat afgebeeld van Krishna die de **Govardhan** berg optilt [ ]. Het beeld van de levensgrote stier is een meesterwerk.

De *Shore Temple* (9) is een bekoorlijke site, die je best het laatst bezoekt. Het werk wordt gedateerd onder de koning Nar-sinha-varman I Rāj-sinha (ca. 700-728) en blijkt een replica te zijn van de Chālukya tempel in Mahākūt [ ]. Boven de cella staat een vierkante toren, die uit verscheidene verdiepingen bestaat: daarin zijn miniatuur modellen van

Vāman in Vijf Pāndav
rotstempel.

Shore Temple.

Varāh in Vijf Pāndav rotstempel.

gebouwen te zien. In één schrijn zien we **Shiva** met zijn gezellin Umā [ ] en zijn zoon Skanda [ ]. In een ander schrijn is **Vishnoe** afgebeeld, op de kosmische oceaan [ ].

Even ten zuiden, op het strand, ligt een verweerde rots waarin een replica is uitgekapt van de Tiger Cave of Yāli-Mandapam (6 km buiten Mahābalīpuram).

Van boven op de oude vuurtoren (10), gebouwd op een tempel heb je een prachtig uitzicht op de Golf van Bengalen. De gids kan je de plaats aanduiden waar ruïnes onder het water zijn ontdekt, zichtbaar bij laag tij.

In de *Mahīsh-asur-mardinī* [ ] rotstempel (11) zien we de elegante pilaren van de Māmalla stijl. De tweede pilaar van links is weggekapt en vervangen; de tweede van rechts is beschadigd, wellicht ook in een poging om die te verwijderen. In een latere periode hebben Vishnoe-vereerders de tempel overgenomen (zie de zonneschijf en de kinkhoorn op de zijpilaren van het portaal); zij hadden blijkbaar de bedoeling een grotere ingang te maken en het portaal tot Vishnoe schrijn om te vormen. Daartoe werd ook de ingang naar het Shiva schrijn geblokkeerd. Leeuwen, en niet vyāl's, ondersteunen hier de pilaren (de vyāl heeft een soort ‚hoornen’).

Op de *achtermuur* is een uitgebreid bas-reliëf van de **Somā-skanda** [ ] groep, gezeten op een troon, met — heel uitzonderlijk in de iconografie — een gezeten Nandi onderaan. Shiva heeft vier armen, Pārvatī heeft twee armen en houdt de baby Skanda op haar schoot. Hun benen hangen tot op Nandi. Ten zuiden staat Brahmā [ ], met vier hoofden. Zijn onderste handen staan in eerbiedige houding tegenover Shiva. Vishnoe staat aan de noordkant van Shiva en tussen beide staat de god Sūrya [ ], wat zelden voorkomt in een Somā-skanda groep.

In deze vroege periode van de hindoe iconografie, blijkt Shiva vooral vereerd te worden in de Somā-skanda associatie, terwijl tegelijk ook Vishnoe, Brahmā en Sūrya worden vereerd. De installatie van de Lingam zou van latere datum zijn.

Slechts één van de Deurwachters heeft de typische hoornen.

Durgā Mahīsh-asur m. tempel.

75

Op de *noordelijke muur* staat een indrukwekkend bas-reliëf van **Durgā** die de buffel-demoon Mahīsh doodt [ ]. Gezeten op haar leeuw, met acht armen, houdt zij een gespannen boog vast en tegelijk hanteert ze een zwaard en dolk. De afbeelding van de demoon, rechtopstaand, is van uitzonderlijke kwaliteit.

Op de *zuidelijke muur* is een mooi afgewerkt en zeer belangrijk diep-reliëf van **Vishnoe** op de slang Ādishesh. De twee demonen aan zijn voeten zijn Madhu en Kaitabh, klaar om aan te vallen. Onder Vishnoe's voeten is de godin Bhū-devī aan het bidden. Ādishesh is hier de demonen niet aan het afdreigen (zoals in andere afbeeldingen). Ook Vishnoe [ ] is een voorbeeld van rust en kalmte (in contrast met Durgā op de andere muur). De vrouwelijke figuur bovenaan zou de personifica-tie zijn van de Contemplatieve Slaap (yog-nidrā), die wegvliegt om Vishnoe toe te laten wakker te worden en de strijd aan te binden tegen de demonen.

De *Rāmānuj-mandap* (12) was wellicht het best afgewerkt, vóór de grondige beschadiging, mogelijk door latere vereerders van Vishnoe (Rāmānuj was een beroemde vishnoeïete filosoof, ca. 1100). Op het plafond van het centrale schrijn is oud plaasterwerk zichtbaar.

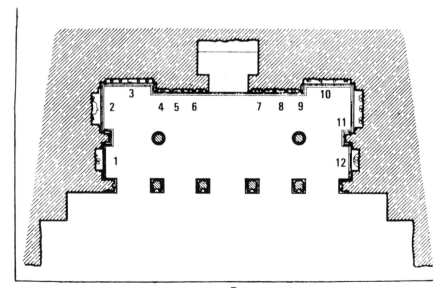

Grondplan van de Ādi-varāh tempel

De *Ādi-varāh Tempel* trekt nog gelovigen aan voor eredienst. Zoals in de andere Varāh Tempel — zie hoger,(4) — zijn ook hier panelen met **Gaj-Lakshmī** en **Mahīsh-asur-mardinī Durgā**. In het hoofdschrijn staat een stucco bas-reliëf van Varāh [ ].

Van noord naar zuid zien we in de panelen aan weerskanten van de ingang tot het schrijn achtereenvolgens:

1) **Shiva Gangādhar,** die één van zijn lokken open houdt om Gangā te ontvangen [ ],

2) een koning (Māmalla?) met twee koninginnen in transparante kledij,

3) **Devī** [ ] — zie hoger onder (4)-,

4) een figuur met vijf kobra-kappen, mogelijks Ādi-shesh,

5) **Vishnoe,**

6 en 7) Deurwachters, met elk één hand opgeheven in verering,

8) **Hari-har** [ ], 9) een figuur zoals onder 4),

10) **Durgā**, in fel contrast met het overeenkomstig paneel van Lakshmī (3). In dit paneel snijdt één van de vereerders zijn polsen over (niet de zelf-immolatie zoals in andere afbeeldingen).

11) koning met twee koninginnen,

12) **Brahmā.**

Ook in de *Dharma-rāj Mandap* (14) zijn de Deurwachters weggekapt door latere bezetters (mogelijk Vishnoe vereerders). Er zijn drie schrijnen maar sporen van bas-reliëfs zijn er niet. In de inscriptie wordt Shiva geprezen en wordt de koning vermeld (Parameshvar-varman I, ca. 672-700), die de opdracht gaf. Deze identificatie is niet zo evident en wetenschappers zijn het niet eens over de identiteit van de koning: dit zou de enige rotstempel zijn in Mahābalīpuram die niet van koning Māmalla is! Maar, de stijl is van Māmalla, met nogal slanke pilaren. Feit is dat ook in drie andere tempels een inscriptie wordt gevonden van de koning met dezelfde ‚titel'. Usurpatie, of later toegevoegd? Ook hier zijn later de volgelingen van Vishnoe binnen gekomen (13-19de eeuw) en hebben ze hun symbolen (zonneschijf en kinkhoorn) in de voorgevel ingekapt.

De *Vijf Ratha's* (15)[8] zijn in feite vijf monolieten, die elk de naam

---

[8] Rath betekent ‚voertuig' of tempelkar, waarmee de godheid in jaarlijkse processies werd rondgevoerd. De Sanskriet term ‚ratha' werd wellicht gebruikt om de tempel aan te duiden omdat deze de afbeelding is van de hemelse kar van de godheid.

De ,vijf Ratha's' in Mahābalīpuram, traditioneel genoemd naar de helden uit de Mahābhārat: Draupadī, Arjun, Bhīm, Dharmarāj, Nakul-Sahdev (van l. naar r.).

Draupadī rath.

Staande *Durgā* in Draupadī rath.

Arjun rath.

Bhīm rath.

Dharmrāj rath.

Nakul-Sahdev rath.

hebben van één van de vijf Pāndav broers uit het Mahābhārat epos (Arjun, Bhīm, Yudhisthir, Nakul en Sahdev) en hun echtgenote Draupadī. Ze worden alle vijf toegeschreven aan koning Māmalla. Stonden de blokken oorspronkelijk alleen of werden ze gekapt uit een reuzemonoliet? Het zijn copieën van bestaande houten structuren en als zodanig worden ze geciteerd als prototypes van de latere tempel-architectuur. Elke structuur heeft zijn specifieke eigenschappen. De oudste foto's door de Engelsen gemaakt vertonen een site vol brokstukken en afval. Nu is alles netjes schoongemaakt.

Het **Draupadī rath** (I) lijkt fel op een asceten-huisje, met palmbladeren dak. Aan weerskanten staan de Leeuw (rijdier van Durgā [ ]) en de Stier Nandi.

Het **Arjun rath** (II) was wellicht aan Indra gewijd: zijn rijdier, de olifant, staat vóór dit complex. Er zijn prachtige reliëfs van Shiva, Nandi en koninklijke figuren.

Het **Bhīm rath** (III) is een combinatie van een kolonnade met een bovenstructuur die doet denken aan de ovale dakstructuur van de tribale Todas in Kerala.

Dharm-rāj rath

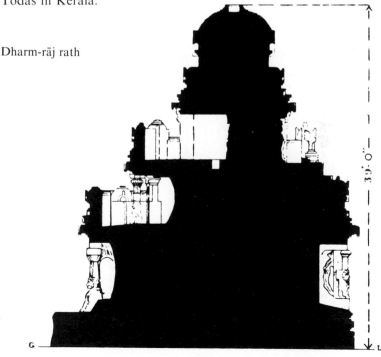

Het **Dharm-rāj rath** (IV) heeft een inscriptie die een precieze datering toelaat: koning Nar-sinha-varman I, (of Māmalla, ca. 630-668). Het gezicht straalt zachtheid uit, niettegenstaande de hardheid van het graniet. Er zijn drie verdiepingen met miniatuur-schrijnen en een acht-hoekige spits. In structuur en tot in de kleinste details is dit rath gelijk aan de Kailāsh-nāth tempel in Kānchīpuram [ ].

Het **Nakul-Sahdev rath** (V) heeft een dakstructuur die doet denken aan de boeddhistische vergaderzaal-rotstempels (chaitya) van Karlā.

3. *Kānchīpuram*

De ,Gouden Stad' was het centrum van de Pallav macht, vanaf 300 n.C. De plaats is één van de oudste in Zuid-India en wordt ,Het Benares van Zuid-India' geheten. Reeds in de derde eeuw v.C. bouwde keizer Ashok er zijn gedenkstenen en enkele eeuwen later waren de Chol's er aanwezig [ ]. Mede door hun verbinding met de zee langs de haven Mahābalīpuram hebben de Pallav's van Kānchīpuram op geheel Zuidoost-Azië hun invloed uitgeoefend. Tijdens het bezoek van de Chinees Hsüan Tsang (ca. 640) zou het Boeddhisme er een belangrijke godsdienst en cultuur zijn geweest, met meer dan 100 kloosters!

Vadraj tempel: Hundred Pillar Hall.

De Pallav's hebben Bādāmī bezet maar zijn ook door de Chālukya's en andere rivalen verslagen geworden. Later heeft Kānchīpuram zeer sterk de invloed ondergaan van de Vijaynagar dynastie [ ].

In de *Vad-rāj tempel* uit de 12de eeuw staat de merkwaardige *Hundred Pillar Hall*, gebouwd door de Vijaynagar dynastie [ ]. De 96 pilaren hebben uniek mooie figuren. Ook de vimān [ ] boven de tempel zou van Vijaynagar oorsprong zijn. In de tempel zelf worden na de middag de Vedas gereciteerd.

De *Vaikunth-Perumāl* of *Venkat-Nāth tempel*, aan Vishnoe gewijd, dateert van ca. 740, maar is sindsdien aanzienlijk uitgebreid. De vimān boven de cella is een verdere evolutie, in vergelijking met de Kailāsh-nāth tempel (ca. 700, zie verder). Op de buitenmuren van het voor-portaal (ardh-mandap) en van het centrale schrijn staat een overvloed aan mooie beelden van **Vishnoe.**

Ardha-mandap

    westen, beneden: o.a. Brahmā, Vishnoe

    noorden, beneden: Vishnoe als Varāh [ ], staande Vishnoe.

    zuiden, beneden: o.a. staande Vishnoe.

           boven: Vishnoe als Vāman [ ]

Schrijn

    westen, beneden: o.a. Vishnoe.

           boven: o.a. Vishnoe als Vāman [ ] met 8 armen, Virāt-Vishnoe [ ].

    noorden, beneden: o.a. Vishnoe op Garud, Vishnoe als leraar van Shiva.

           boven: o.a. Gajendra-moksha [ ], Narsinha met 8 armen [ ], Krishna doodt Kāliy [ ].

    oosten, beneden: o.a. Vishnoe, Krishna en de Govardhan berg [ ].

           boven: o.a. Rāmchandra [ ], Krishna en zijn ,broer' Balrām.

    zuiden, beneden: Tri-mūrtu (drie goden), **Vishnoe als Boeddha** [ ], staande Narsinha [ ], Varāh, **Mohinī** [ ].

           boven: o.a. Vishnoe op Garud, Vishnoe op Shesnāg bevecht Madhu en Kaitabh [ ], Brahmā.

Ook in de *Ekambareshvar tempel* staat een merkwaardige Thousand Pillar Hall (met 540 pilaren).

De prachtige *Kailāsh-nāth tempel*[9] even buiten de stad is wonderlijk goed bewaard en een fijn voorbeeld van tempel-architectuur. Te noteren is de relatie van deze stuctuur met het Dharm-rāj rath [ ] in Mahābalīpuram en de Virūpāksha tempel in Pattadakal. Het schrijn ,in de ingang' is gebouwd door Mahendravarman III, zoon van koning Rājsinha.

1. Somāskanda [ ]
2. Dakshinā-mūrti [ ]
3. Yog-dakshinā-mūrti [ ]
4. Shiva Lingodbhav [ ]
5. Shiva Mahendra [ ]
6. Shiva Umāsahit-sukhāsan-mūrti [ ]
7. Durgā
8. Shiva Yogin [ ]

9. Ganpati [ ]

11. Subrahmanya [ ]
12. Kirātārjun [ ]
13. Brahmā
14. Shiva Bhikshātan-mūrti [ ]
15. Shiva Tripurāntak [ ]
16. Pāshupat-astra-dān-mūrti [ ]
    of Kirāt-arjun
17. Bhairav [ ]
18. Shiva Vishnu-anugrah-mūrti [ ]
19. Kalyān-sundar-mūrti [ ]

Kailash-nāth tempel:
verklaring van de nummers

[9] Gebouwd rond 800 onder koning Rājsinha (Narsinhavarman II, 700-728).

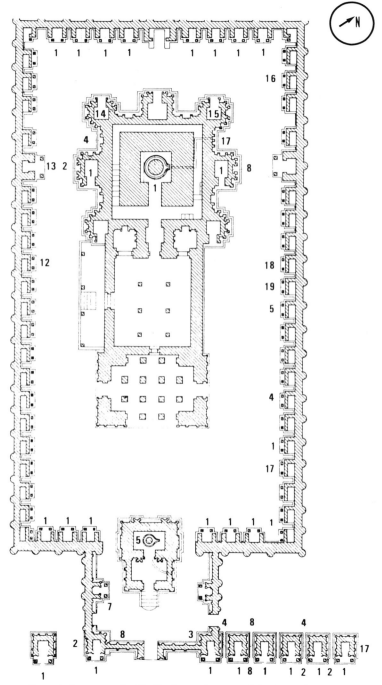

Grondplan van de Kailāsh-nāth tempel in Kānchīpuram

Kailāshnāth tempel (Kānchīpuram).

HOOFDSTUK 3

DE CHOL'S: SCHATRIJKE ONDERNEMERS

Naar het einde van het eerste millennium waren de Chol's een grote macht in Zuid-India. Vooral in de volgende drie plaatsen lieten ze unieke tempels bouwen: Thanjāvūr (koning Rāj-rāj, 985-1012), Gangaikonda-cholapuram (koning Rājendra, 1012-1044) en Dārāsuram (koningen Vīr-rājendra, 1063-1069 en Rāj-rāj II, 1150-1173).
Koning Rājendra bouwde een indrukwekkende vloot en liet zijn invloed gelden tot in Birma, Maleisië, Java en Sumatra. In India breidde hij zijn macht uit tot aan de Ganges in Noord-India: om dit te vieren stichtte hij een nieuwe hoofdstad, Gangaikonda-cholapuram of ,de Stad van de Chol die de Ganges bracht'. Vazallen moesten bij de stichting van de stad als bijdrage alleen grote vaten echt Ganges-water aanbrengen, en daarmee een grote vijver vullen. Koning Rājendra bouwde er ook een tempel voor Shiva.

De Chol's maakten dankbaar gebruik van de eeuwen evolutie in de architectuur in Zuid-India[1]. Door hun creativiteit en groot kapitaal werden ze een bijzonder belangrijke tussenschakel in de verdere evolutie. Het centrale schrijn in de Pallav tempels [ ] was klein: bij de Chol's worden het gigantische structuren. De Pallav tempelpoort (gopuram) was eerder klein: bij de latere Chol's worden het structuren die de tempelspits in hoogte soms overtreffen. De belangrijke Deurwachters in de Pallav tempels hebben twee armen en zien er zachtaardig uit: de Chol Dvār-pāls hebben vier armen en zien er wreedaardig uit. In de Chol tempels leiden indrukwekkende trappen de bezoeker naar een hoge balustrade, waar de zijmuren versierd zijn met rijk gevulde nissen en paviljoentjes.

---

[1] Vooral de Pallav architectuur in Kānchīpuram.

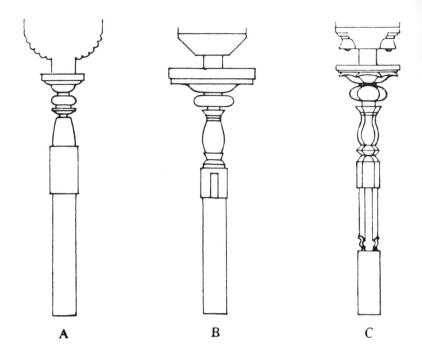

A	B	C

Rond 1239 werden de Chol's in een veldslag definitief verslagen door de Pāndya's (Madurai) die de heerschappij in het gebied overnamen.

1. Thanjāvūr

De *Brihadīshvar Tempel* werd in 1010 bekroond met een 80 ton wegende monoliet en een gouden embleem — door koning Rāj-rāj geschonken — boven op de 60,96m hoge spits (vimān). De inscripties her en der in het tempelcomplex beschrijven de talloze bronzen en gouden beelden en schenkingen aan het project, door koningen en edelen[2].

Na een studie van het monument kun je best ergens een rustig plekje opzoeken en in je verbeelding teruggaan naar de twaalfde eeuw toen de ritus grote massa's aantrok en de gelovigen naar deze tempel stroomden (zie Madurai nu). Hier werd gedanst en gezongen, muziek gespeeld en

---

[2] Veel is verdwenen, maar in het Museum van het Paleis in Thanjāvūr zijn nog veel uniek mooie bronzen beelden te bezichtigen, door de Chol's gemaakt. Daarnaast, in de bibliotheek, kun je trouwens veel mooie handschriften bewonderen.

Bronzen Shiva Nat-rāj in het
museum, Thanjāvūr.

Bronzen *Pārvatī* in het Museum, Thanjāvūr.

bloemen werden uitgedeeld of verkocht. Muzikanten, trommelaars, dans-leraren en danseresjes, allen kregen ze giften van de koninklijke schenkers. Steenkappers, fijne beeldhouwers of houtbewerkers, schilders en dichters, koks, bewakers, en last but not least de geldinners maakten op een of andere manier deel uit van het tempelgebeuren, voor een tijdelijke job of met een ,vaste benoeming'.

Als je je laat meedrijven in deze droom is de Thanjāvūr tempel niet een gigantisch monument dat je komt fotograferen: het is een gebeuren, een vergane overtuiging en inspiratiebron van vroegere generaties. Hierbij mogen we niet vergeten dat een groot deel van de (rijst)productie en veel oorlogsbuit voor dit religieus gebeuren werd besteed.

Graniet, van ver met ossekarren aangesleurd is het basismateriaal voor de Brihadīshvar tempel. Het complex is als een burcht ommuurd en aan één kant beveiligd door de Kaveri rivier. De walmuren bij de trap die naar de rivier leidt zijn gebouwd door de Fransen in 1777, met stukken van afgebroken tempels in de buurt!

Torenspits van de Brihadeshvar tempel, Thanjāvūr, 60,96 m hoog.

90

Na de grote tempelpoort (bij de oostkant) kom je aan een tweede, *kleinere gopuram,* waar twee indrukwekkende Deurwachters de onzuiveren buiten houden en de macht van de Chol's suggereren. Op de muren zijn mooie friezen die episodes uit Shiva's leven uitbeelden: het huwelijk van Shiva en Pārvatī [ ], Shiva die Mārkandey beschermt [ ] en Arjun die de pāshupat boog verwerft [ ].

In een paviljoen op het grote binnenplein staat het beeld van Nandi, uit graniet gehouwen en blinkend omwille van de rituele olie-baden.

De *torenspits* rijst indrukwekkend in de hoogte. Zoals bij veel tempels uit deze bloeiperiode van de tempelbouw in Zuid-India, valt de herhaling van gelijkaardige structuurelementen op: de koepeltjes op de hoeken van elke verdieping en de telkens opnieuw verschijnende ,dakgoot'-structuur.

Op de *zuidkant van de tempel,* in de onderste verdieping staan achtereenvolgens Ganesh [ ], Vishnoe met Devī [ ] en Bhū-devī [ ], Lakshmī [ ], Reuze Deurwachters met vier armen, Vishnoe-anugrahmūrti [ ], Bhikshātan-mūrti [ ], Vīr-bhadra [ ], Deurwachters, Dakshināmūrti [ ], Kālāntak [ ] en Shiva als Nat-rāj [ ].

Op de *westkant,* onderaan, zijn nissen met Hari-har [ ], Ardh-nārīshvar [ ], Deurwachters, twee Chandrashekhar's [ ].

Een van de ,duizend' Lingams in de wandelgang rond de Brihadeshvar tempel, Thanjāvūr, tegen de achtergrond van een ,gepersonifieerde' Lingam op de muur.

91

Op de *noordkant* zijn beelden van Ardh-nārīshvar [ ], Shiva Ganga-Ādhar [ ], twee Deurwachters, Vīr-bhadra [ ] (zonder snor, maar met zwaard en schild), Ālingan-chandrashekhar [ ], twee Deurwachters, Sarasvatī [ ], Mahīshāsur-mardinī Durgā [ ], Bhairav [ ].

In de *bovenste verdieping* bevatten de meeste nissen een afbeelding van Shiva Tripur-āntak [ ].

De *kloostergang* rond het plein bevat 1000 Lingams van verscheidene formaten, en enkele (meer recente) muurschilderijen. In sommige schilderijen zijn interessante combinaties van Lingams met het gepersonifieerde gezicht van Shiva.

Binnen in de tempel (ontoegankelijk voor niet-hindoes) bevinden zich prachtige beelden van Shiva en enkele mooie schilderijen. Uniek is de volledige reeks van 108 danshoudingen, afgebeeld op de binnenmuur van de tempel.

De *Subrahmanya tempel* bij het reuzebeeld van Nandi dateert van de 17de eeuw. Het grondplan is eenvoudig maar de tempel geeft een bijzonder artistieke indruk, meer door de beelden dan door de structuur. De beelden zijn van bijzonder hoge kwaliteit.

2. *Gangaikonda-cholapuram*

De *Brihadīshvar tempel* werd gebouwd door Rājendra (1012-1044), zoon van Rāj-rāj die de Thanjāvūr tempel bouwde. Zijn hoofdstad is volledig verdwenen en alleen enkele bakstenen (op 1,5 km van de tempel verwijderd) duiden aan waar ooit de machtige vorst woonde die deze indrukwekkende tempel liet optrekken.

Je komt het complex binnen langs de noordkant, waar ook nog de ruïnes te zien zijn van de omwallingsmuur. Aan de noord- en de zuidkant van de tempel leidt een grote trap tot aan de voeten van twee imposante Chol Deurwachters. Binnenin ook blijven de Deurwachters je verrassen.

Op de oostelijke muur van het *buitenportaal* (mukh-mantap) is een mooie reeks beelden van de Goedhartige Shiva, die gunsten verleent:

Vishnu-anugrah-mūrti [ ];

Rāvan-anugrah-mūrti of Shiva die gratie verleent aan de rouwende

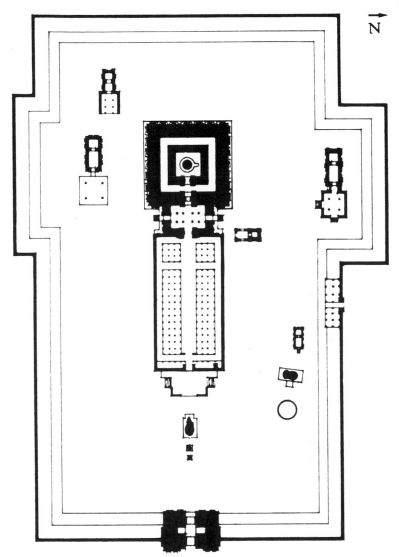

Grondplan van de *Brihadīshvar tempel* in *Gangaikonda-cholapuram*.

demoon-geleerde Rāvan (uit de Rāmāyan) die de berg Kailāsh had
geschud;

Devī-anugrah-mūrti of Shiva's genade aan Devī [ ], die zijn Lingam
vereert;

Kalyān-sundar-mūrti [ ], of de huwelijksceremonie van Shiva en Pār-vatī;

Mārkandey-anugrah-mūrti [ ];

Chandesh-anugrah-mūrti, dat het verhaal oproept van Chandesh, die zijn vaders been afhakte omdat die zijn eredienst voor Shiva had verstoord, en die aan de Lingam alle melk offerde van de koeien die hij moest hoeden.

Chandesh-anugrah-mūrti,
Gangaikonda-C.

Aan de *noordoostkant* is een groot paneel waarin Shiva wordt afge-beeld die zijn gunst toont voor Chandikeshvar, zijn voornaamste die-naar.

Ook in het *centrale schrijn* zijn mooie afbeeldingen te zien. In een zuidelijke nis staat **Chandesh-anugrah-mūrti** (zie hoger). Verder ook Ganesh, Ardhanārīshvar [ ], Hari-har [ ] en Nat-rāj [ ], die danst met Kālī. Voor de laatste scène slaat Vishnoe op de trommel, komen Ganesh

94

en Kārttikey op hun rijdier aangereden en staat Devī te kijken, met haar arm rustend op de Stier Nandi.

Aan de westkant zien we Shiva Gangādhar [ ], met Devī die wat jaloers lijkt te zijn, met aan de kant Bhringī [ ] die boete doet om de Gangā naar de aarde te krijgen.

Verder ook Shiva Lingodbhav [ ], Vishnoe met zijn gezellinnen en Shiva met Umā [ ]: Vishnoe vereert Shiva met een bloem.

In de nissen aan de noordkant zien we Shiva als Bhikshātan-mūrti [ ] en als Kālāntak [ ], Mahīsh-asur-mardinī Durgā met acht armen, Brahmā (met baard) en zijn gezellinnen Sāvitrī en Sarasvatī, Bhairav [ ] met acht armen, Shiva als Madanāntak (hij doodt de god van de passie Madan of Manmath). In Prembanam (Indonesië) zijn leeuwefiguren gelijkaardig aan de beelden in deze Chol tempel!

De nisstructuur is typisch voor de Chol's en goed onderscheiden van de Pallav nis.

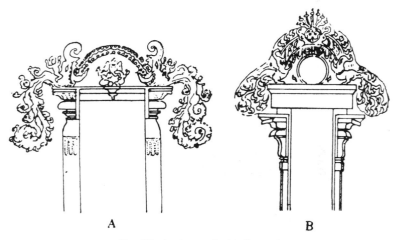

De Chol nis en de Pallav nis

Meestal vinden we in de zuidelijke hoofdnis Shiva als Dakshinā-mūrti [ ], Vishnoe met gezellinnen in de westelijke hoofdnis en Brahmā aan de noordkant.

In een donkere hoek van de tempel vinden we een prachtige sculptuur met de negen planeten (nav-grah), getuigend van de wereldomvattende ambitie van de koning Rājendra.

Het schrijn ten noorden van de hoofdtempel is gewijd aan *Chandikesh-var*, de hoofddienaar van Shiva. Ten zuidwesten van de tempel is een schrijn met een afbeelding van Ganesh die zijn slurf rond snoepjes draait.

3. *Dārāsuram*

De *Airāvat-eshvar tempel*[3] is van latere datum dan de twee vorige, gebouwd door de koningen Vīr-rājendra (1063-1069) en Rāj-rāj II (1150-1173).

De friezen bij de ingang — met de fijn afgewerkte muzikanten en danseresjes — brengen de bezoeker in een sfeer van ontspannen vreugde.

De balustrades bij de ingang en bij de trappen van het Voorportaal (agra-mandap) zijn mooi versierd met krokodil- (makar) en leeuw-symbolen. De pilaren van het portaal steunen op yāli's en zijn elegant afgewerkt. De bas-reliëfs op deze pilaren illustreren de verhalen van de aanval van Manmath [ ], de boetedoening van Pārvatī, het gebed van de

Olifant en yālī, Dārāsuram.

---

[3] Gewijd aan Airāvat, rijdier van Indra.

Rāvan schudt de berg Kailāsh, Dārāsuram.

goden om voor Shiva een zoon te bekomen, de geboorte van Shiva's zoon Kumār, het huwelijk van Shiva, enz.

Aan weerskanten van de aangrenzende *Portiek* zijn galopperende paarden afgebeeld: samen met het wiel suggereren ze dat deze constructie een wagen moet voorstellen. Vooraan, op de basis van deze portiek zijn mooie panelen met Shiva die de Tri-puras bestrijdt [ ]; Shiva als Kālāntak [ ]; Shiva die Kām of Manmath bestrijdt (Kām's gezellinen staan te bidden!); de vernietiging van Daksha's offer door Vīr-bhadra [ ]. Juist daarboven zien we in de nissen de godin Agni (vuur), Indra, Brahmā, Vishnoe en Vāyū (wind): ze kijken vol eerbied naar Shiva.

Het aangrenzende *Grote Voorportaal* (mahā-mandap) heeft aan de buitenkant mooie nissen met allerhande, fijn afgewerkte beelden en basreliëfs. Typisch is de afwisseling van hoofdnis, pilaster en twee zijnissen. De beelden in de nissen zijn meestal van basalt, en niet van graniet zoals de rest van de tempel. De pilaren zijn bijzonder decoratief. In het plafond binnenin zijn sierlijke motieven of dansscènes verwerkt.

97

Ardh-nārīshvar, met 3 hoofden
en acht armen, Dārāsuram

De Deurwachters *voor de cella* zien er vreeswekkend uit, met vier armen, slagtanden en leeuwen-emblemen. *Links van de ingang* staat een mooi beeld van **Kumār** [ ], met zes hoofden.

Binnenin staan, naast enkele moderne, tweederangs beelden, een uniek beeld van **Ardh-nārīshvar** [ ], met drie gezichten en acht armen; een Nāgrāj (slange-koning), met vier armen; **Agastya,** de dwerg-wijze — opmerkelijk is dat deze heilige (leraar van Shiva) heel belangrijk is in de iconografie van de tempels in Prembanam, Indonesië. Een dansende Bhairav [ ], bijzonder angstaanjagend; Shiva als **Sharabh,** die Narsinha doodt [ ]; staande Ganesh; Shiva als Dakshinā-mūrti, en als Lingodbhav [ ] die uit de vlammende zuil komt: Brahmā en Vishnoe kunnen de top of basis niet bereiken; Brahmā; Durgā met acht armen; zittende Devī [ ] (met net en prik); Shiva als Tripurāntak [ ] en als Gajāntak [ ]; Bhairav [ ] met zes armen en zijn hond; Shiva als Mahesh-mūrti, met drie hoofden en vier armen.

Al deze prachtige beelden zijn in zwart basalt.

98

Shiva Lingodbhav, Dārāsuram.

Het is onmogelijk alle details van de *buitenmuren van het schrijn* te beschrijven. Het is een festijn van de meest gekke situaties en decoratieve motieven. De beelden van de godheden worden geflankeerd door wijzen, hemelse figuren enz. Rond het hoofdschrijn is een geplaveide ‚wal', waarin water vloeide voor koeling.

Even *ten noorden* staat de *Chandikeshvar tempel*, gewijd aan Shiva's dienaar.

Ten *noord-oosten* staat de *Nātya-mandap* of Danszaal [ ]; op de basis staat duidelijk Vishnoe die op de trommel slaat om de dans (van Shiva) te begeleiden.

In de kloostergang ten westen van deze Danszaal staat een Chol meesterwerk: een mooi beeld van **Shiva Kankāl-mūrti** [ ], die rustig een hert streelt. Vrouwen staan in bewondering voor de schoonheid van Shiva en bieden hem voedsel aan. Hier staan ook 108 Shiva heiligen, met een korte inscriptie. De overvloedige scènes die het leven van deze

Rondreizende acrobaten, Dārāsuram.

heiligen oproepen, geven een goed beeld van de periode, bijna 1000 jaar geleden.

Deze stijl van illustreren roept de sfeer op van het boeddhistisch complex in Borobudur (Indonesië) waar de Chol invloed onmiskenbaar is.

HOOFDSTUK 4

DE MAANSTEEN VAN DE HOYSAL'S

1. *Geschiedenis*

Bezoekers van de tempels in Belur, Halebid en Somnāthpur mogen niet denken dat deze de enige kunstwerken zijn door de Hoysal's gebouwd. En de zachte maansteen die ze er bewerkten — die hard wordt na enige tijd — was ook niet het enige gesteente dat ze gebruikten. De Someshvar tempel in Sutur, gebouwd door een generaal van koning Narsinha I, is volledig uit graniet.

Het is niet mogelijk — en ook niet de moeite waard — voor de doorsnee-toerist om alle monumenten van een bepaalde dynastie te bezoeken. Wel is het nuttig de enkele tempels op het programma duidelijk te situeren in een groter geheel, in de geschiedenis van de politiek en de kunst. Zodoende komt alles veel meer tot leven en is bv. de Belur tempel iets meer dan eentje dat men aftikt op de lijst.

De Hoysal's zijn de geschiedenis ingegaan als durvende vernieuwers, die in een *totaal andere stijl* de bekende verhalen uit de hindoe mythologie voor de tempelbezoeker wilden vereeuwigen. Hun beelden staan ver van het micro-macrocosmisch effect [ ] dat men vroeger nastreefde: de Hoysal beelden zijn een streling voor het oog en elk van de friezen is een esthetische ervaring.

Bijna 100 tempels door de Hoysal's gebouwd zijn tot heden ontdekt en beschreven[1].

Tijdens de regering van koning *Vishnuvardhan* werd, door een rijke zakenman, een mooie tempel gebouwd in Doddagaddavalli, rond 1116. De koning zelf gaf opdracht voor het bouwen van de unieke tempel in Belur, ter herinnering aan zijn overwinning over de Chol's [ ], in 1117 en

---

[1] De oudste zijn in Tonachi (Bashveshar tempel, 1047), Angadi (Jain Basadi, 1050), Belagāmi (Kedāreshvar tempel 1060 en Tripurāntak tempel, 1070), Kupatur (Kaitabhesh-var tempel, 1070) en in Hanasoge (Jain Basti, 1090).

101

hij begon ook de bouw van de Hoysaleshvar tempel in Halebid, voltooid door zijn zoon *Narsinha I.* Deze koning liet ten minste 15 tempels optrekken.

Verder, onder *Ballāl II,* werden 23 tempels gebouwd, met o.a. de Kedārcshvar tempel in Halebid².

Enkele generaties verder, onder *Narsinha III,* werd de Somnāthpur tempel gebouwd, voltooid in 1268. Opvallend is dat in Tamil Nādu de Hoysal koningen tempels bouwden in de lokale Dravidische stijl, en in graniet.

De Hoysal architectuur heeft enkele typische kenmerken:

> Stervormig grondplan, tegen alle conventies in [ ].
> Platform dat de gelovige toelaat al de friezen van dichtbij te bekijken.
> Zig-zag constructie van de buitenmuren.
> Uitvoerig bewerkte deurlijsten.
> Koepel plafond, met prachtige sculpturen, zoals bv. het Navrang plafond in Belur.
> Gepolijste, ronde pilaren.
> Unieke sculpturen, die een ware encyclopedie van het dagelijkse leven en van de eeuwige, vrouwelijke schoonheid zijn.

De sculpturen zijn het werk van enkele befaamde beeldhouwers, die — in tegenstelling met vroegere tempels [ ] — hun werk tekenden. Waren deze mensen aanvankelijk houtbewerkers, die in de ,klei' van de maansteen een vertrouwde materie vonden? Of behoorden ze tot de gilde van de juweliers? Dasoja was een van de meest befaamde kunstenaars uit de vroege periode (Belur). Van hem staat zelfs een beeld in de Metropolitan in New York, ,verwijderd' uit Kikkeri. Verder zijn er Chikka Hampa, Nagoja, Kedaroja (Halebid) en vooral Mallithamma, die werkte in de prachtige tempel van Amritapur, die evenveel een bezoek waard is als Halebid. Op één van de friezen daar vinden we zelfs een zeer vroege afbeelding van het verhaal van Krishna's vader, Vasudev, die een ezel smeekt niet te balken om de geboorte van Krishna niet te verraden. Mallithamma en zijn collega Bachoja werkten ook aan de mooie Lakshmī-narsinha tempel in Nuggihalli (1246).

---

² Ook de Mahālingeshvar tempel in Muvattanahalli, de Chatteshvar tempel in Chatchattanahalli, bij Halebid, en de Īshvar tempel in Arsikere.

2. Belur

Vishnuvardhan werd koning in 1106, ‚bekeerde' zich tot de Vishnoe verering en bouwde tempels voor Vishnoe op verscheidene plaatsen. Eens een belangrijke stad, werd Belur later bezet door de Vijaynagar dynastie en is nu een ruraal plaatsje, zonder enig politiek belang. Inscripties geven **1117** als datum van de installatie van de hoofd-beelden in de Chenna-keshav tempel. De tempel is gewijd aan Vishnoe als

Ingang van de Chenna-Keshav tempel, Belur.

Keshav [ ] tempel. Het zeer nieuwe patroon van drie schrijnen die uitgeven op één portaal is door de Hoysal's in veel van hun tempels toegepast. In de meeste gevallen zijn het Vishnoe tempels, maar sommige hebben beelden van én Vishnoe én Shiva. Dit nieuw patroon zou een weerspiegeling zijn van de open geest van de Hoysal dynastie: niet alleen de verschillende godheden hebben een gelijke status, ook de vrouwelijke godheden (Lakshmī) staan op gelijke voet met de mannelijke god. Het ingangsportaal (met pilaren) was aanvankelijk open aan de oostkant. Enkele generaties later werd die kant dicht gemaakt. Er zou zelfs een muslim regeerder in dit portaal ooit politieke vergaderingen hebben gehouden: de deur naar de cella was toen dicht gemetseld! De spits

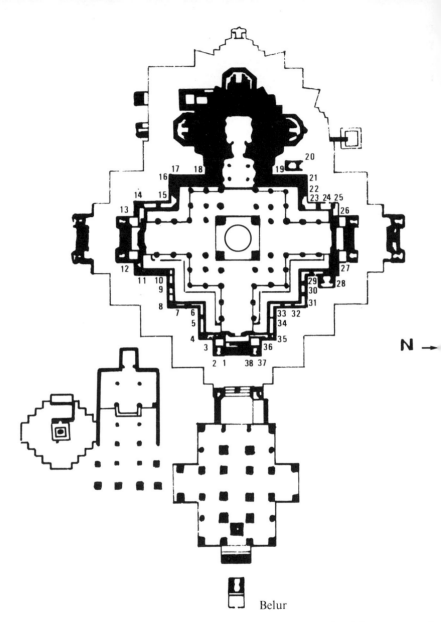

N →

Belur

boven de cella was wellicht van hout en baksteen; in de 18de eeuw werd de huidige spits gebouwd. De tempel stond op instorten tot de Archeologische Dienst, in 1929, besloot het monument te redden en te restaureren. Het binnenplein dat vol stond met kleine gebouwtjes uit de latere periode, werd volledig zuiver gemaakt.

Aan elke ingang tot het schrijn staan aan de buitenkant twee (stervormige) torentjes, die wellicht copieën zijn van de spits die boven de tempel zelf heeft gestaan.

Er zijn letterlijk duizenden beelden. De *basisfries* heeft een lange rij olifanten, in verscheidene houdingen. In de friezen daarboven staan vrouwelijke figuren en in de bas-reliëfs onderaan de panelen zijn scènes afgebeeld uit de Rāmāyan en de Mahābhārat. De tempel ziet er heel anders uit als men zich inbeeldt dat de ,vensters' tussen de pilaren veel later zijn aangebracht (1175). Zelfs deze vensters zijn overvloedig met sculpturen versierd.

Onder de ,dakgoot' staan een totaal van 38 bijzonder aantrekkelijke vrouwelijke figuren, dansend of bezig met hun make-up.

We beginnen *de rondgang* links. De eerste figuur (1) zou **Mohinī** zijn, de vrouwelijke incarnatie van Vishnoe: zij kijkt in een spiegel en brengt het puntje vermiljoen aan op haar voorhoofd. In het middenpaneel (1-2) zien we een koning (Vishnuvardhan Hoysal, de bouwer?) met zijn hofhouding, en gezellin (Shāntalādevī?). De klederdracht en juwelen van de figuren zijn interessant.

In de Mahābhārat fries (1-2) wordt het verhaal afgebeeld van Arjun die de koeien van Virāt redt.

Verder worden de beelden als volgt gedefinieerd: De Papegaai (2), Vasant (letterlijk ,lente', een meisje dat haar beminde gaat bespuiten met gekleurd water, 3), Het Meisje en de Papegaai (4), Het Meisje en de Aap (5), Op Jacht (6), Opschik (7), Het Meisje en de Trommel (8), Durgā (9), Het Meisje en de Trommel (10), Krishna(?) met de Fluit (11).

In de fries (10-11) is het verhaal van Prahlād afgebeeld [ ]. Verder De Zangeres (met open mond, 12) en De Danseres (13): dit is een beeld van **Mohinī** (of Vishnoe als vrouw) die de demoon Bhasmāsur verleidt m te dansen zoals zij, en op dat ogenblik ook wordt hij veranderd in as. Links van haar hoofd zit een vlieg, en een hagedis die loert om de vlieg te bespringen.

Verder de Danseres met de Luit (14), Meisje met de Krullen (15), Meisje en het Fruit (16), Op Jacht (17), Het Meisje en de Trommel (18).

Op de achtermuur van het schrijn (zuidwest, west, noordwest) staan een aantal interessante beelden uit het hindoe pantheon, in volgorde: **Harihar** [ ], met rechts de stier en links de Arend Garud; **Shiva,** die de

105

Makar boven de zuidelijke poort, Belur.

Meisje met de trommel, Belur.

Meisje met de luit, Belur.

demoon Jalandhar op zijn drietand spietst; dansende **Kālī; Vāman** [ ];
Rāvan die de berg Kailāsh optilt om een gunst van Shiva af te persen [ ];
bovenaan zien we Shiva en Pārvatī, en een woud met allerhande dieren;
Daksh-brahmā met de kop van een geitebok [ ]; **Mahīsh-asur-mardinī**
Durgā [ ]; **Varāh** [ ]; **Gadā-dhar,** een *zeldzame vorm* van Vishnoe met de
Knuppel; **Narsinha;** moeder en kind (Yashodā en Krishna?); **Sūrya,** met
zijn 7 paarden en wagen gemend door Arun, de broer van de Arend
Garud, het rijdier van Vishnoe; **Kāmdev** (god van de liefde) met zijn
gezellin.

In een paneel op de noord-west kant zien we het indrukwekkende
verhaal van **Arjun** die in de weerspiegeling van olie moet kijken om het
oog te treffen van een vis die bovenop een pilaar is geplaatst. Dit was
om zijn schutterstalent te bewijzen en aldus de episch stoere vrouw
Draupadī te winnen.

Daar begint ook een nieuwe reeks mooie sculpturen van vrouwelijke
figuren: De Danseres (19), De Zangeres (20), De Danseres (21), dansen-

107

de Durgā (22), Op Jacht (23), Het Meisje en de Trommel 24), dansende Mohinī [ ], *één van de mooiste beelden* (25), en het Meisje en de Schorpioen (26).

Rechts van de noordelijke ingang staat het verhaal uit de Panchatantra afgcbccld van de zwanen die wegvliegen met de schildpad.

Verder de Gebarentaal (27), Meisje (28), de Danseres (29), Danseres met de Luit (30), Meisje met de Ring (31), de Fluit (32), Het Meisje en de Trommel (33), Het Meisje en de Aap (34), de Ring (35) en Het Meisje en de Trommel (36).

In een paneel op de noord-oostelijke muur is een boeiende afbeelding van de **Kringloop van Vernietiging,** met de ever, de python, de olifant, de leeuw, een Sharabh monster en een vreselijke vogel (Vishnoe zelf). Een gebaarde man kijkt in verwondering toe. Er is ook een paneel met Vishnoe op de kosmische slang Ananta [ ]. Bij de mooie figuren hebben we nog de zeer prachtige Zangeres (37) en de Danseres (38), die de maat houdt met haar teen; bovenaan is een bij afgebeeld die honing zuigt.

In het middenpaneel (37-38) zien we een scène, wellicht van koning Narsinha I.

De oostelijke ingang wordt ,bewaakt' door twee Deurwachters en Manmath (god van de Liefde) en zijn gezellin. Boven de ingang vliegt de Arend Garud tussen twee makar monsters. Daarboven is een prachtige afbeelding van Vishnoe als Narsinha en Hiranyakashipu [ ]. Daarachter (en te verlichten van binnenuit) is het verhaal afgebeeld van Krishna die de god Indra verslaat om de Pārijāt bloem [ ] te bemachtigen.

Juist bij de ingang staan een groot paar sandalen, symbolisch voor de toegang die *niet* werd ontzegd aan ,onaanraakbaren'. De *pilaren* binnenin zijn van uitzonderlijke kwaliteit en in de meest verscheiden vormen. Vooral opvallend zijn de Narsinha pilaar (zuid-oost) en de Mohinī pilaar (zuidwest). Het *centraal plafond* is uitzonderlijk mooi, gesteund op vier pilaren die elk een mooie figuur dragen: Het Meisje en de Papegaai (39, haar armband kan op en neer worden geschoven); De Danseres (40, in haar kroon kan een ring op en neer worden geschoven); De Danseres (41) en De Opschik.

In de *koepel* is een prachtige afbeelding van de Narsinha-Hiranyakashipu [ ] episode.

De ingang tot de *cella* wordt bewaakt door twee reuze Deurwachters en door Vishnoe en Lakshmī. Binnenin staat een fijn geproportioneerd beeld van Vishnoe als Chennakeshav, glimlachend en vriendelijk. Rechts van hem staat zijn gezellin Bhū (aarde) en links staat Shrī [ ], godin van de rijkdom.

De *Kappe-Chennigarāy tempel* staat ten zuiden van de hoofdtempel en is gebouwd door koningin Shāntalādevī. Er staan mooie beelden van Ganesh [ ], Sarasvatī [ ], Shrīdhar en Durgā Mahīshāsur-mardinī *(één van de mooiste beelden* in de tempel), en een mooi beeld van Vishnoe als Kappe-Chennigarāy (in de westelijke nis).

2. *Halebid*

„Halebīd' is de Oude Stad, zo genoemd door de Vijaynagar dynastie die in de 17de eeuw deze plaats verliet en terug naar Belur trok. Halebid was de Hoysal hoofdstad geworden in de 12de eeuw. Wat we nu zien is een topje van de ijsberg: tal van tempels liggen in ruïne of zijn door aarde en struiken begraven.

Vóór je de eigenlijke tempel van Halebid bezoekt, mag je de Jain tempels een halve kilometer ten zuiden van de eigenlijke site niet vergeten. De eerste (meest westelijke) is gewijd aan Pārshvanāth, de 23ste Tīrthānkar van het Jainisme. Het beeld is uit één stuk gehouwen, en heeft een halo van 7 cobra's. De zwarte pilaren zijn mooi gepolijst en geven het effect van een spiegelpaleis! De koepel is een wonder van architectuur. In het tweede tempeltje — gewijd aan Ādināth, de eerste Tīrthānkar van de Jains — staat nu een beeld van Sarasvatī [ ]. Vóór de derde tempel staat een Mānas-stambh of gedenksteen. Op de rotsinscriptie binnenin, geschreven in oud Kannada, staat o.a. dat de Hoysal koning Vishnuvardhan (een volgeling van Vishnoe) de Jain tempel liet optrekken.

Rond **1121** werd de prachtige *Hoysaleshvar* tempel gebouwd, maar tot in 1141 werd aan de beelden gewerkt. Hoewel hij een volgeling was van Vishnoe, liet koning Vishnuvardhan deze tempel aan **Shiva** wijden: in het zuidelijk deel liet hij een Lingam installeren, in het noordelijk deel liet zijn koningin Shāntalādevī de Lingam consacreren. De toerist bezoekt het complex vanuit het noorden. Er zijn twee symmetrische bouwwerken, en twee heiligdommen, met elk een Lingam. In het zuidelijk schrijn is opnieuw een cultus georganiseerd, na eeuwen verwaarlo-

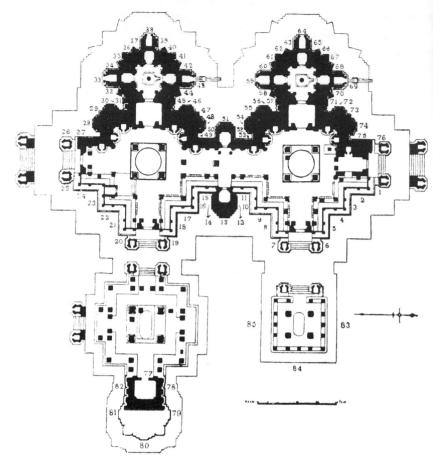

Grondplan van de Hoysaleshvar tempel in Halebid

zing. Aan de oostkant is telkens ook een paviljoen met de Stier Nandi. Het paviljoen verder ten oosten van het zuidelijk schrijn is gewijd aan de zonnegod Sūrya. Hij staat op een voetstuk getrokken door 7 paarden; zijn twee gezellinnen staan naast hem.

Zoals in Belur zijn de ,vensters' later aangebracht en was de oorspronkelijke tempel binnenin goed verlicht. De duizenden beelden doen ons binnentreden in de wereld van geloof en onbegrensde verbeelding van de kunstenaars uit de 12de eeuw. De friezen onderaan de buitenmuren zijn in verscheidene verdiepingen, gaande van de olifanten onderaan, de

Nandi paviljoen met Hoysal pilaren, Halebid.

Friezen in Halebid.

leeuwen en de paarden, tot de episoden uit de Mahābhārat, de Rāmāyan en de Bhāgvat Purān. De beelden hogerop bieden een volledige ency-

111

Shiva en Arjun (Kirāt-arjūn-mürti) op een fries in Halebid.

Deurwachter bij zuidelijke deur.

112

clopedie van het hindoe pantheon. In tegenstelling tot Belur zijn hier een groot aantal van deze beelden verdwenen. De *rondgang* begint aan de noordoostelijke kant.

1) Koning Vishnuvardhan met zijn hofhouding; 2) Kūrma-avatār van Vishnoe []: de goden karnen de melk-zee met de cobra Vāsuki als koord en de Mandar berg als stang, gesteund op Vishnoe als schildpad; 3) Shukrācārya; 4) Shiva en Pārvatī, de Dikpāla's [] zitten op hun rijdier; 5) Vāman-avatār [] van Vishnoe; 8-11) Shiva en zijn hof; 12) strijd tussen Krishna en Indra voor de Pārijāt [] bloem; 13-18) episoden uit het leven van Krishna; boven de deur (19-20) staat een mooi beeld van de dansende Shiva; 20-25) episoden uit het Mahābhārat epos; de zuidelijke deur (25-26) is mooi bewerkt, met Shiva op het lijf van de demoon Andhakāsur []. Rechts en links staan Brahmā en Vishnoe. Op de makar monsters zitten Varun en zijn gezellin; aan het uiteinde vechten een leeuw en een olifant.

Even ten zuiden staat een groot beeld van Ganesh, en op de pilaar ten zuidwesten wordt het verhaal uitgebeeld van de zelf-immolatie van de trouwe ridders bij de dood van een Hoysal koning.

Verder zijn er beelden van 26) dansende Ganesh; 27) Karna (de zoon van Kuntī in de Mahābhārat), met de vlag; *de wagens hebben zelfs veren*; 28) een vreselijke Bhairav [] en Mohinī die Bhasmāsur verleidt []; 29) Arjun die naar de vis schiet []; 30) Krishna met de fluit; 31) Sarasvatī []; (32) Indra en Sachī op hun olifant; (33) Krishna die de Govardhan berg optilt; (34) Bhairavī en Shiva na de dood van de olifant demoon (Gaj-asur-samhār) []; 35) Vishnoe als Varāh [] en de god Himālay die zijn dochter Umā ten huwelijk geeft aan Shiva []; 36) Durgā Mahīshāsur-mardinī.

Verder 41) Prahlād []; 42) Gevecht tussen Rāmchandra en Rāvan; 45) Draupadī wordt gewroken voor de schande haar aangedaan (haar saree werd losgetrokken); ze bedekt zich met de ingewanden van de broer-schurk Dusshāsan; 47) Vishnoe als Vāman Tri-vikram [].

49) Gajendra Moksha: Vishnoe bevrijdt zijn volgeling de olifant (Gajendra) uit de muil van de krokodil; 50) het gevecht voor de Pārijāt bloem: Krishna en Satyabhāmā zitten op Garud (Vishnoe's rijdier) en strijden tegen Indra en zijn gezellin Sachi (op hun olifant); 51) Vishnoe als Keshav, Lakshmī danst; 53) Shiva vecht met Arjun []; 55-60) Rāmchandra ontmoet de apen, verslaat Vali, Sugrīv [] wordt gekroond

Danseres, Halebid.

en de apenleider Hanumān ontvangt van Rām een ring om zich bij Sītā te kunnen kenbaar maken.

61) Mohinī en de Papegaai; 66-70) Abhimanyu, de zoon van Arjun, valt de Kaurava's aan; 71) Rāvan tilt de berg Kailāsh op om van Shiva een gunst af te persen; 76) een dansende Ganesh en de aardgodin Bhū.

De *Kedāreshvar tempel* is prachtig gelegen in een bucolische setting, op een korte afstand ten zuiden van de Hoysaleshvar tempel. Dit juweeltje van tempelarchitectuur heeft veel van zijn charme verloren door instortingen, een halve eeuw geleden.

De friezen zijn bewerkt zoals in de andere tempel. Ongeveer 180 prachtige beelden staan op de buitenmuren. Alleen de belangrijkste worden hier aangeduid.

Op de *zuidoostelijke muur* zien we Rām met het apenleger; het karnen van de melkzee [ ]; Prahlād [ ], en beelden van Rām en Lakshman, en een dansende Shiva.

114

Op de *zuidwestelijke muur* staat een merkwaardig beeld van Sampāti die door een verrekijker naar Lankā kijkt om er de ontvoerde Sītā te vinden; verder ook de slag om Lankā. Bij de beelden zien we nog eens Arjun die langs een reflectie in olie een vis moet raken (om Draupadī te winnen); twee apen die vechten voor fruit; Krishna en de fluit; dansende Durgā [ ], Bhairav [ ] en Mohinī [ ].

Op de *noordwestelijke muur* staan verhalen uit de Mahābhārat: gevecht van Arjun en Shiva [ ]; Arjun redt de koeien van Virāt; de Mahābhārat slag; en de beelden van Kāli, Krishna, Mahīshāsur-mardinī Durgā [ ], Vishnoe als Vāman en Bali.

Op de *noordoostelijke muur* staan Manmath (god van de liefde) en zijn gezellin Ratī.

Binnenin zijn de koepels van uitzonderlijk fijne kwaliteit.

3. *Somnāthpur*

De *Keshav tempel* werd in graniet gebouwd in **1268** door Somnāth (een ambtenaar van de Hoysal koning Narsinha III, 1254-1291), op een halve km. van de Kaveri rivier. De tempel ligt nu in een idyllische setting, een haven van rust temidden de velden, een juweeltje gemaakt

De drie torens van Somnāthpur.

Grondplan van de Keshav tempel in Somnāthpur

door goudsmeden, een voorbeeld van Hoysal architectuur [ ]. De lage structuur van de tempel maakt toch een diepe indruk, omwille van de wandelgang die de tempel van de buitenwereld afsluit.

Op de *inscriptie* bij de ingang staan vier teksten, in oud Kannada schrift. De oudste tekst dateert van 1269, onmiddellijk na de ,wijding' van de tempel. Daarin wordt vermeld welke goden in de tempel zijn ondergebracht en hoe de diensten in de tempel moeten worden georganiseerd en wie de tempeldienaars zal betalen. Er wordt bepaald welke inkomsten (van welke dorpen) aan deze tempel moeten worden besteed, en de inscriptie vermeldt dat in een belangrijke zitting in de hoofdstad (Halebid), de koning een grote schenking deed aan de ambtenaar Somnāth voor het bouwen van deze tempel. In de 64 schrijnen in de wandelgang rondom stonden vroeger beelden van Brahmā en van Vishnoe en zijn avatār's.

De *horizontale friezen* op de buitenmuren van de tempel bevatten, van beneden naar boven: olifanten, infanterie, rollenfries, episoden uit de Rāmāyan (zuidelijk schrijn), Purāna's (westelijk schrijn) en de Mahābhārat (noordelijk schrijn), halve pilaren en nissen, en tenslotte een reeks panelen met figuren van Vishnoe, het verhaal van Prahlād [ ] enz.

Wandelgang, Somnāthpur.

Boven deze horizontale friezen staan een totaal van 194 beelden (114 zijn vrouwelijke figuren). Na de bezoeken aan de vorige tempels ben je stilaan in staat de meeste ervan te identificeren. In de Index achteraan staat de bladzijde in vetjes gedrukt, waar de beschrijving van een of ander beeld is gegeven. Zoals in andere Hoysal tempels hebben vele beelden een inscriptie met de naam van de beeldhouwer: 40 gemaakt door Mallithamma, 6 door Baleya enz.

In het plafond van het buitenportaal en van het binnenportaal zijn prachtige panelen ingewerkt. Geen enkel paneel is identiek. Er staan ook respectievelijk 14 en 4 fijn bewerkte pilaren. In het hoofdschrijn is het oorspronkelijk beeld van Keshav (of Vishnoe) niet meer aanwezig: nu staan er recente beelden van Lakshmī-nārāyan, van Lakshmī en van Lakshman, de broer van Rāmchandra, de avatār van Vishnoe. In de dwarsbalk boven de *ingang naar het hoofdschrijn* is een beeld van een zittende Vishnoe en van Lakshmī-nārāyan met de afbeeldingen van de tien avatār's van Vishnoe. Aan de ingang tot het portaal én tot het schrijn staan Deurwachtsters (dvār-pālikā's). Aan weerskanten van het voorportaal tot het hoofdschrijn is een kleine cella. De oorspronkelijke beelden zijn er uit verdwenen, maar heel waarschijnlijk stonden hier Ganpati en Mahīsh-asur-mardinī Durgā, te oordelen naar de beelden die

Plafond, Somnāthpur.

118

Vishnoe en *Lakshmī*,
Somnāthpur.

in deurbalken zijn ingewerkt. Bijzonder opvallend is de aanwezigheid
van deze godheden binnenin een tempel gewijd aan Vishnoe; dit is reeds
opgemerkt in andere Hoysal tempels [ ].

In het *noordelijk schrijn* staat Janārdan (of Vishnoe); in de halo zijn
de tien avatār's van Vishnoe afgebeeld. In de balk boven de ingang tot
het portaaltje is een beeld ingewerkt van Lakshmī-narsinha en van
Krishna Venugopāl. Boven de ingang tot het (noordelijk) schrijn is een
beeld van Vishnoe, gezeten. In het *zuidelijk schrijn* staat Krishna Venugopāl (,de koeherder met de fluit'): koeien luisteren aandachtig toe. In
de balk boven de ingang van het portaaltje is een beeld van Lakshmī-
nārāyan en van Krishna Venugopāl. In de balk boven de ingang tot het
schrijn is een vrouwelijk beeld en een beeld van Vishnoe.

HOOFDSTUK 5

VIJAYNAGAR, ‚STAD VAN DE OVERWINNING' BIJ HĀMPĪ

1. *De setting*

Sic transit gloria mundi. Nergens in Zuid-India treft je het verval van een ééns grote macht meer dan in de kilometerlange ruïne van de Vijaynagar hoofdstad bij het dorpje Hāmpī.

Twee eeuwen (1336-1565) van militair geweld, intriges, gestadige groei, fabelachtige glorie, kunst in letteren en architectuur en totale verwoesting door een machtige alliantie: dit zijn de hoofdlijnen van een

De Tungabhadra rivier en de Pampāpati tempel.

hindoe rijk dat eens de muslim uitbreiding naar Zuid-India stuitte en er tenslotte toch door werd verwoest. Wat we vandaag nog zien is een uniek Ardèche-landschap langs de Tungabhadra rivier, enkele prachtige tempels, ruïnes en de onuitwisbare indruk van een Louis XIV-rijk dat geheel Zuid-India overheerste, met de Portugezen onderhandelde en handel dreef over alle zeeën.

De oorsprong van het rijk plaatst ons middenin de muslim-hindoe-spanningen in India, nu bijna 1000 jaar oud. Zelfs de tradities die deze oorsprong vermelden, verschillen grondig, al naargelang de bronnen, maar de meest aanneembare versie zou de volgende zijn: twee hindoe broers (Bukka en Harihar) worden tijdens hun verzet tegen muslims gevangen genomen, bekeerd tot de Islam en later vanuit Bijapur naar de meer zuidelijke Tungabhadra-streek gestuurd om er als vazallen van Bijapur een muslimrijk te stichten. De broers worden terug Hindoe en stichten de Vijaynagar-dynastie. Let wel dat rond deze periode de machtige Hoysal's (Belur en Halebid [ ]) aan het verdwijnen waren. Twee eeuwen moorden en veroveren volgen en men vraagt zich af hoe ze nog de tijd en inspiratie hadden om kunst te bedrijven en van het leven te genieten.

We lezen in de beschrijving van de (muslim) Pers Abdur Razzak, die in 1443 de stad Vijaynagar bezocht:

,De stad van Bidjanagar is van die aard dat het oog zoiets nooit gezien kan hebben en het oor nooit het bestaan ervan gehoord kan hebben. Niets in de wereld kan dit evenaren... De bazaars zijn vol juwelen en rozen; iedereen draagt hier rozen... Voor het grote Dasharāfeest moeten alle generaals en machthebbers van het rijk zich bij de koning aanmelden. Ze brengen duizenden olifanten met zich mee; die zijn versierd met harnassen en torentjes. Als ze bij elkaar komen geven ze de indruk van een golvende zee of van de grote menigte die zich zal verzamelen op de dag van de Verrijzenis. Op de marktplaats zijn dan ook talloze paviljoentjes opgericht, tot vijf verdiepingen hoog; sommige draaien in alle richtingen en geven telkens opnieuw een ander uitzicht... Tegenover het paleis van de koning is een open plaats met negen paviljoenen. In het negende paviljoen staat de troon van de koning, in het zevende verblijf ik en in andere paviljoenen verblijven muzikanten en barden... Er zijn ook meisjes in prachtige kleren en danseressen voor de koning. Drie dagen lang wordt er gefeest, met vuurwerk, spelen en allerhande attracties. De troon van de koning is heel groot en van goud, bezet met stenen van uitzonderlijke waarde.'

In het reisverhaal van de Portugees Paes die rond 1520 de hoofdstad Vijaynagar bezocht, lezen we:

‚De omvang van de stad kan ik niet beschrijven; je kunt niet alles overzien, omdat de stad tussen hoge rotsformaties ligt. Ik ben op een heuveltop geklommen en mij lijkt de stad zo groot als Rome; het is een prachtig gezicht. Er zijn veel boomgaarden en aangelegde tuinen en lange open aquaducten en vijvers... Dit is de best voorziene stad in de ganse wereld, met grote voorraden rijst, tarwe, granen, maïs, bonen enz. Tijdens de religieuze feesten zit de koning, in witte gewaden met borduurwerk van gouden rozen, en beladen met juwelen, op de juwelentroon. Rond hem staan de schildknapen met betelnoten, zijn zwaard en andere waardigheidssymbolen. Als ook de ridders hun plaats hebben ingenomen openen de danseressen de ceremonie. Wie kan de rijkdom van deze meisjes en dames beschrijven? Ze dragen halssnoeren van goud, met talloze diamanten, robijnen, parels, en gouden kettingen rond de buik, de armen en de benen. Ik ben vooral verbaasd over het feit dat dergelijke vrouwen zo een rijkdom kunnen verzamelen. Ze bezitten ook grond en veel dienstpersoneel. Er wordt verteld dat één van hen honderdduizend goudstukken bezit en ik ben bereid om het te geloven... Dan komen de worstelaars, die anders vechten dan de onze. Ze kloppen hard, zo hard dat ze tanden breken, ogen uitslaan en elkaar echt verminken. Sommigen moeten door hun vrienden worden weggedragen...

Nu moet je verder weten dat deze koning permanent 1 miljoen soldaten ter beschikking heeft waaronder 35.000 geharnaste ruiters. Ze krijgen soldij en kunnen elk ogenblik worden opgeroepen en uitgestuurd. Toen ik in Bisnagar was, stuurde hij een strafexpeditie naar een plaats aan de kust: 50 kapiteins met 150.000 soldaten. Hij heeft ook veel olifanten en er wordt verteld dat in een noodsituatie de koning 2 miljoen stijders kan oproepen. Hij is dan ook de meest gevreesde koning in dit gebied.'

Gelijkaardige beschrijvingen en cijfers vinden we in de verhalen van de Rus Nikitin, de Portugezen Barbosa en Nuniz en de Italiaan Conti (1420). Verdere bronnen voor de geschiedenis van de Vijaynagar-dynastie zijn de talrijke over het rijk verspreide inscripties en de kronieken van de muslim historicus Firishta, een ambtenaar van de Bijapur dynastie; rond 1606 (dus jaren na de feiten) schreef hij zijn *Gulshan-i Ibrahim.* Nog een nota i.v.m. de rijkdom van de courtisanes: in 1509 liet Krishna Dev Rāy (1509-1529) het stadje Nāgalāpur (het huidige Hospet) bouwen voor de courtisane Nāgalā Devi die hij later ook zou huwen.

De regering van de deelstaat Karnataka heeft het tot een punt van eer gemaakt de ca. 26 km² Vijaynagar-ruïnes grondig te bestuderen, in kaart te brengen en voor de komende generaties te bewaren. Gedeeltelijke opgravingen hebben o.a. het oorspronkelijk straatniveau van de Hāmpī-bazar blootgelegd en alle gebouwen van het koninklijk paleis in detail beschreven.

Het Vijaynagar rijk

De site van Vijaynagar brengt ons ook in contact met een stuk zeer oude, Indiase geschiedenis, nl. de avonturen van de prins Rāmchandra uit het Noord-Indische Ayodhyā. Zijn wederwaardigheden staan beschreven in het zevendelige Sanskriet epos Rāmāyan. Deel 4 van dit epos handelt over de gebeurtenissen rond Kishkindhā en dat ligt precies in de buurt van Hampi.

Men mag over de plaatselijke legenden denken wat men wil, maar feit is dat heel wat toponiemen in de Rāmāyan overeenstemmen met plaatselijke namen: het is niet te verbazen dat het indrukwekkende landschap rond Hāmpī ook reeds 500 v.C. bekend was. Men kan er trouwens nog een lijn in de rotsen zien, waarlangs de saree van Sīta, Rāmchandra's gekidnapte vrouw, zou zijn gesleept. Aan de overkant van de Tungabhadra rivier ligt een berg waar sinds millennia de geboorteplaats wordt gesitueerd van Hanumān, de trouwe (aap)dienaar van Rāmchandra.

2. Vijaynagar dynastieën

a. Sangam dynastie (1336-1478)

Harihar (1336-1356) sticht de stad, als ,,regent voor Virūpāksha" (of Shiva), die de familiegod is, terwijl de Vishnoe-incarnatie Varāh [ ] het familie-embleem wordt. Oorspronkelijk was de hoofdstad in het fort Anegundi, aan de andere kant van de Tungabhadra rivier, dat gemakkelijker in te nemen was dan de nieuwe site. Deze site is aan de noordkant het ganse jaar door ontoegankelijk wegens de ondoorwaadbare Tungabhadra. Aan de andere kanten zijn rijen hoge rotsformaties die met elkaar werden verbonden door vestingen en grachten: moeilijk in te nemen voor de strijdkrachten van die tijd.

Het Hoysal-rijk (Halebid [ ]) werd de eerste militaire verovering. *Bukka* (1356-1377) breidt het rijk uit en verjaagt de muslims uit een groot deel van Zuid-India. *Harihar II* (1377-1404) verlegt de grenzen tot aan beide kusten en bevordert aldus de handelsmogelijkheden. *Dev Rāy* (1406-1422) bestijgt de troon na een periode van strijd met concurrenten. Met talrijke aankopen uit Arabië en Perzië wordt een grote ruitermacht uitgebouwd. Door steun aan dichters en letterkundigen maakt hij de hoofdstad tot het literaire centrum bij uitstek in Zuid-India. Verder zijn er de koningen Devrāy II (1422-1446), Vijayrāy en Mallikārjun (tot 1465) en Virūpāksha (tot 1485).

b. Sāluv dynastie

Sāluv Narsinha (1485-1490) verovert het rijk tijdens de regering van de zwakke, laatste Sangam regeerders en herstelt aldus de macht van een centraal hindoe rijk in het Zuiden.

c. Tuluv dynastie

Naras Nāyak (1490-1503) verjaagt op zijn beurt Sāluv en sticht een nieuwe dynastie. Vīr Narsinha (1503-1509) bevestigt de militaire relaties met de Portugezen, die militaire adviseurs en paarden ter beschikking stellen.

Gopuram of poort-toren van
de Pampāpati tempel.

Krishna Dev Rāy (1509-1529) heeft zoals al zijn voorgangers een dik
militair logboek. Hij verstevigt de relaties met de Portugezen die door
hun verovering van Malakka in 1511 (door Albuquerque) een monopo-
lie kregen over de bevoorrading van de Zuid-Indiase legers met paarden
enz. Krishna Dev Rāy is een van de grootste Vijaynagar-koningen. Zijn
bouwwerken zijn vooral te vinden in Nāgalāpur (huidig Hospet). Ook
de reuze-gopuram van Shrīrangam (bij Tiruchirappalli) en verscheidene
1000-pilaren hallen zijn door hem gebouwd. In de Vijaynagar-ruïnes en
in Hampi vinden we van hem de grote gopuram van de Pampāpati-
tempel [ ], de Krishna-tempel [ ] en de Hazār Rām-tempel [ ]. Hij begon
met de afdamming van de Tungabhadra (sinds 1940 een reuzedam) en
trok veel letterkundigen aan. Zijn opvolgers zijn Achyut Rāy (1530-
1542), Sadāshiv en Rām Rāy (1542-1567).

In 1565 worden de stad en het rijk vernietigd door een muslim
alliantie. Een jaar lang wordt de droomstad systematisch vernietigd, met

explosieven, vuur en koevoeten. Alleen van de stenen stempels blijft iets over: de houten paleizen zijn met de grond gelijk gemaakt.

De wandeling door de Vijaynagar ruïnes begint aan 11 (zie Grondplan; een kompas is hier zeer nuttig). Op dit punt heeft men een prachtig uitzicht op de Hampi-bazar (ook Virūpāksha-bazar geheten). Van hieruit maakte de Engelsman Greenlaw reeds in 1856 een eerste foto. De wandeling eindigt bij zonsondergang boven op de Mātanga hill (39).

Grondplan van Vijaynagar bij Hāmpi

1. Pampāpati tempel
2. Monolithic Bull
3. Kodanda Rām tempel

4. Achyut Rāy tempel
5. Ananta-shayan tempel
6. „Jain tempels'

126

3. *Wandelen door de Hāmpī ruïnes*

1. *Pampāpati* of *Virūpāksha tempel.*

Beide namen zijn een epitheton voor Shiva: *pampā* ‚rivier' (of Tunga-bhadra) en *pati* (Heer). Van Pampā (Hampā in het lokale Kannada) zou ook de naam Hampi zijn afgeleid. *Virūp* of ‚misvormd' *aksha* of ‚oog, gezicht' wordt op verscheidene manieren geïnterpreteerd: ‚god met de drie ogen', of ‚god met het misvormd gelaat', of ‚god met het oneven aantal ogen'. De tempel — tot ca. 1000 n.C. wellicht een Jain schrijn — is in verscheidene fazen gebouwd. Van Krishna Dev Rāy zijn de gopuram en de ranga-mandap (schilderij-portaal) aan de oost-(dus toegangs-)kant van het schrijn (1509). In deze ranga-mandap of mahā-mandap (groot-portaal) zijn afbeeldingen van de tien Avatār's van Vishnoe: Vis, Schildpad, Ever, Man-leeuw, Dwerg, Parshurām, Rām-chandra, Krishna, Boeddha en Kalkin, van Shiva als Kāmdahan-mūrti [ ] en als Tripurāntak [ ], van de Ashtadik-pāl's (de Bewakers van de Acht Richtingen) en van de heilige Vidyāranya, die geasso-

127

Ranga-mandap in de Pampāpati tempel.

cieerd wordt met de stichting van de stad. De schilderijen werden in
1978 gerestaureerd.

De gopuram werd hersteld in 1837 onder Brits toezicht en onlangs
opnieuw door de Archeologische Dienst. Het Bhuvaneshvarī-schrijn is
Chālukya [ ], met het typische deurportaal en zwarte pilaren.

Vóór de Pampānāth tempel is een interessante boekwinkel.

In zijn beschrijving van deze tempel noteert Paes in 1520:

,Binnenin zie je in de pilaren kleine gaatjes, waarin olielampjes worden
geplaatst; 's avonds worden ze aangestoken en men vertelt me dat er meer
dan 2.500 zijn... Bij de eerste poort staan wachters; zij laten niemand toe
behalve de Brahmanen. Ik kon binnenkomen omdat ik hen iets gaf... Aan
de achterkant van de tempel staat een wit beeld, met zes armen; het houdt
een zwaard vast en heilige symbolen, en staat met één voet op een buffel...
(Mahīs-asur-mardinī Durgā [ ])... Bij elk tempelfeest trekt men grote
praalwagens rond, omringd door danseressen en vele vrouwen'.

De *Hāmpī-bazar* zelf werd zeer druk bezocht tijdens de bloeiperiode van
Vijaynagar, met winkels van rozen en allerhande edelstenen die in
binnen- en buitenland werden verhandeld. Huizen aan weerskanten
van deze bazar werden gebruikt als winkels, maar ook als verblijf-

128

Hāmpī bazar.

plaatsen voor pelgrims en als paviljoenen voor de koninklijke familie tijdens de jaarlijkse optochten van de tempelkarren. Bij opgravingen in deze brede lange straat (35 × 720 m) werden op sommige plaatsen 1,75 m afval weggehaald en de oorspronkelijke tegels blootgelegd (oostelijke kant).

2. *Monolithic Bull*
Zoals bij elke Shiva tempel staat ook hier de stier Nandi, aan de oostelijke kant van het schrijn, op ca. 700 m afstand.

3. *Kodanda Rām tempel*
Na een prachtige wandeling langs de Tungabhadra rivier — buiten de echte vestingen van de stad — komen we bij de tempel aan Rām gewijd. De site is vooral belangrijk omwille van de heilige badplaats en het uitzicht op de rivier die hier een geweldige kloof heeft uitgevreten. Voor de stenen met slangen-symbolen bij de boom, zie onder 25. Verder komt men aan de noordkant van de Solaai bazar of Straat van de Danseressen.

4. *Achyut Rāy tempel*
Bij de ingang van de *Varāh* Temple (4b) ziet men de merkwaardige afbeelding van Vishnoe's incarnatie als Varāh (Ever [ ]), met het zwaard, de zon en de maan, symbolisch voor de Vijaynagar dynastie.

5. De *Ananta-shayan tempel* is gewijd aan Vishnoe die op de cosmische slang rust, tijdens de rustperiode van de cosmos en vóór de geboorte van Brahmā (uit zijn navel), die het begin van een nieuwe cyclus inluidt [ ].

De beste afbeelding van de kosmische Vishnoe vinden we aan de noordkant van het pad, bij de rivier (ca. 40 m ten oosten van de Varāh Tempel), uit één grote rots gehouwen.

6. De „*Jain tempels*' — traditioneel zo genoemd — aan de rechterkant van het pad staan vol Vishnoe-beelden en symbolen: Lakshmī boven de ingangen, Hanumān en de Arend Garud aan weerskanten van de ingang, Vishnoe als Dvārpāl (deurwachter). Alleen de olifant-figuur is niet Vaishnav en zou kunnen passen bij een jain-beeld in het schrijn; dit ontbreekt spijtig genoeg. Het is niet onwaarschijnlijk dat het inderdaad een Jain-tempel was, waarin ook Vaishnav symbolen een plaats kregen.

Ten noorden van deze tempels, bij de rivier, zien we een merkwaardige *Satī Stone* (zie verder onder 16). In het onderste paneel staat de held (met een olifant, dus een edelman ?) met zijn twee vrouwen die satī pleegden. Bovenaan staan ze afgebeeld in Vaikuntha, de hemel van Vishnoe die hier symbolisch is afgebeeld door het wiel en de kinkhoorn. Hij wordt vereerd door Hanumān en de Arend Garud.

7. *Sugrīv's Cave* wordt verbonden met een dramatische episode uit de Rāmāyan. Het rijkje Kishkindhā werd geregeerd door de twee apenbroers Sugrīv en Vali; na een ruzie moest Sugrīv vluchten, vergezeld door de dappere Hanumān, naar de bossen aan de voet van de berg Rishyamuka die men kan zien aan de noordkant van de rivier; daarbij genoten ze van de bescherming van de heilige Mātanga op de Mātanga hill. In de rotsholte bewaarde Sugrīv de juwelen van Sītā (de gekidnapte vrouw van Rām) en zien we „de sporen van Sītā's saree op de rots die naar de rivier afhelt'.

Op deze plaats werd een *brug* gebouwd (met rechtopstaande, gehouwen pilaren en dwarsleggers), die in de reisverhalen niet staat vermeld. Ofwel is ze van latere datum of nooit echt gebruikt. Paes (1520) beschrijft hoe de mensen de rivier overstaken in ronde bootjes van bamboe en leder.

8. *King's Balance* (tulā-purush-dān of „gewicht-mens-schenking'). Ter gelegenheid van de kroning, of een zon- of maaneclips, bij het begin van het nieuwe jaar enz. was het de gewoonte dat een Hindoe koning zijn gewicht in goud en edelstenen aan de brahmanen gaf. Dit ging

King's Balance.

gepaard met een grote ceremonie, verering van de goden en lectuur uit
de schriften. De koning trok feestkleren en harnas aan en gordde zijn
zwaard om vóór hij in de weegschaal ging zitten!

Aan de oostelijke onderkant is een afbeelding van de koning met twee
vrouwen.

9. Onvoltooide poort

10. In de voorgevel van de zuidpoort van de *Vitthal Tempel* —
begonnen door Krishna Dev in 1513 — ziet men de combinatie van twee
bouwstijlen die men elders in Vijaynagar nog opmerkt: de onderkant is
uit rots gehouwen (Hindoe), de bovenkant is in metsel- en plaasterwerk (Indo-Saraceens).

We gaan de omheining langs het zuiden binnen, maar de tempelin-
gang is uiteraard naar het oosten gericht; daar staat ook de stenen
tempelkar, met uitgesleten asholten. Dit is een imitatie van de houten
tempelkar die men nu nog her en der in Zuid-India kan zien [ ]. De spits
boven deze kar is op het einde van de 19de eeuw ingestort. De tempel is

131

Tempelkar in de Vitthal tempel.

genoemd naar Vithobā of Vitthal, de vorm van Vishnoe die vooral in Mahārāsthra wordt vereerd. Het hoofdschrijn is in Pandharpur, een prachtig plaatsje aan de Bhīm rivier, ca. 300 km ten zuid-oosten van Bombay. De tempel werd nooit geconsacreerd, mogelijk omdat hij niet af was bij de verwoesting van Vijaynagar. In het complex zijn 23 inscripties gevonden: daarin wordt vermeld dat Krishna Dev Rāy de constructie begon in 1513 en verscheidene dorpen (en de inkomsten ervan) aan de tempel schonk. Zijn twee koninginnen schonken de poorten en gouden schalen; ook zijn opvolgers Achutya en Sadāshiv en veel nobelen deden grote schenkingen.

In de Kalyān mandap („huwelijks-portaal') zijn nog oorspronkelijke schilderwerken te zien. De pilaren vóór het buitenportaal van de tempel zelf hebben prachtige sculpturen en geven speciale klankeffecten. De ontdekkingsreiziger Paes [ ] vond die pilaren zo mooi dat het leek of 'ze in Italië waren gemaakt'. De stenen ‚dakgoten' zijn duidelijk nabootsingen van een houten structuur, met stenen haken voor bellen of lichten.

10b. Talārīghāt (zie verder onder 16).

Langs de rivier terugwandelend, en via de Hāmpī bazar en de asfaltweg naar boven toe komt men bij de *Kadalaikallu Ganesh tempel (11),*

Vitthal tempel „de pilaren met klankeffecten'.

waarin een monoliet van Ganesh staat, de olifant-zoon van Shiva. De bezoeker gaat achter dit gebouw even naar boven en komt bij

12. *Hemakutam en* 13. *„Jain' Tempels,* van waaruit men een prachtig uitzicht heeft. Hemakutam is een zeer heilige plaats. Sommige van deze tempeltjes behoren tot de oudste die ooit in Vijaynagar zijn gebouwd. Het zijn wellicht Jain tempeltjes die later gehindoeïseerd werden. De zogenoemde „Jain' tempels hebben de typische piramide-dakvorm en zijn uit de Vijaynagar periode.

14. In de *Sāsivikallu Ganesh Tempel* staat een grote monoliet, (,groot als een mosterdzaadje') van Ganesh. Vooraan ziet men een afbeelding van de rat, het voertuig van Ganesh.

14b. De *Krishna Tempel* werd gebouwd door Krishna Dev Rāy in 1513 (aldus de inscriptie), tegelijk met de Vitthal Tempel (10), de Hazār Rām Tempel (22) en het Throne Platform (29). Het beeld van Krishna in het schrijn (nu in het Madras Museum) had de koning meegebracht van een militaire expeditie in Udaygiri bij Nellore, ten noorden van Madras. De graanschuur aan de zuidkant schijnt van latere datum te zijn. De straat zal tijdens de tempelkar-feesten ooit wel druk geweest zijn. Het verval van de gevel (half hindoe, half Indo-Saraceens) laat

133

veronderstellen dat de ravage niet zozeer het gevolg is van opzettelijke verwoesting maar eerder te wijten aan gebrekkige grondvesten.

15. *Narsinha Statue.* Op de inscriptie staat geschreven dat dit beeld van Vishnoe in zijn Man-leeuw avatār [ ] uit één rots werd gehouwen door een Brahmaan, in 1528, met steun van Krishna Dev Rāy. Zoals

Nar-sinha of Vishnoe als Man-leeuw.

gewoonlijk zat waarschijnlijk Lakshmī op de linkerdij van Narsinha; we zien alleen nog haar arm rond zijn heup. Zoals ook elders in Vijaynagar beduiden de zon en de maan op het voetstuk dat het beeld voor altijd zal blijven bestaan. Het was wellicht de bedoeling boven het beeld een tempel te bouwen.

Het Turutta Channel steekt men over als men verder zuidwaarts stapt over de weg. Dit bevloeiingskanaal is stroomopwaarts verbonden met de Tungabhadra en was één van de toevoerkanalen die Vijaynagar van water voorzagen. Het werd gehouwen in de rotsen, wellicht reeds ten tijde van Bukka.

Enkele woorden over de *waterbevoorrading* van de stad zijn hier op hun plaats. Alle kronieken prijzen de prachtige aanplantingen in de stad en de methodes gebruikt om water aan te voeren. Krishna Dev Rāy liet zelfs even buiten Hospet een dam aanleggen, allicht op de plaats waar de grote Tungabhadra dam door de Indische regering werd gebouwd.

We lezen in het verhaal van Nuniz (1535) hoe de koning daarbij te werk ging:

,Hij liet ook een waterreservoir aanleggen, tussen twee hoge heuvels. Maar niemand in zijn rijk kon zo iets aan en hij vroeg de Gouverneur van Goa om hulp. Een beroemde dammenbouwer werd gestuurd; hoewel hij twijfelde aan de mogelijkheid daar een dam te bouwen, beloofde hij het toch te doen. Wekenlang werden grote rotsen van de heuveltoppen naar beneden gerold maar alles viel voortdurend aan stukken. Ten einde raad consulteerde de koning de wijzen, die hem zegden dat de goden ontevreden waren: het werk was zo gigantisch en de goden kregen niets; het zou nooit lukken als er geen bloedige offers werden opgedragen, van mannen, vrouwen en buffels.

De koning gebood alle gevangenen die de doodstraf verdienden naar de werf te brengen en te onthoofden. Dan begon het werk op te schieten... De dam werd afgemaakt, met sluizen, en het water werd naar de stad geleid. Bij dit meer is een grote wachtpost, met 1000 soldaten, en alle grote ingangswegen naar Vijaynagar komen erlangs.'

Langs deze zuidelijke toegangsweg kwamen ook de Portugezen naar Vijaynagar. Als uit deze dam ook naar de hoofdstad water werd gevoerd (en niet alleen naar Nāgalāpur — huidig Hospet), dan zal het waterniveau wel zeer hoog geweest zijn; dit meer ligt trouwens op ongeveer 15 km van Vijaynagar.

Verder merkt men in de stad bovengrondse aquaducten op: deze brachten water aan uit naburige meertjes of, meer waarschijnlijk, uit de waterputten in de buurt waaruit water werd omhooggetrokken met het alombekende lederen-zaksysteem (zie verder onder 31).

16. De *Satī Stenen* roepen een oud hindoe gebruik op, nl. de ,vrijwillige' weduwenverbranding; zie ook hoger onder 6. ,Hero-stones' (vīrkal) komen overal in West-India voor, meestal ter nagedachtenis van een dappere ridder die voor zijn heer gestreden heeft en gesneuveld is. Ze worden soms ook opgericht voor de weduwen die zich 'vrijwillig' lieten verbranden op de brandstapel van hun echtgenoot. Dit gebruik van Satī (letterlijk ,getrouwe vrouw') verschilt van de jauhar-traditie in Rajasthan waar in de Rājput-periode vrouwen in grote getale zelfmoord pleegden

wanneer een fort (door de muslims) was ingenomen. Op deze Satī stenen (mastī-kal, van mahā-satīkal) staan de vrouwen afgebeeld met één hand in de hoogte, en een kleine citroen tussen duim en wijsvinger. In tegenstelling met de Satī-stone hoger beschreven ziet men hier in het bovenste paneel symbolen van Shiva (lingam, yoni en stier).

We vertalen uit de beschrijving van Nuniz (1535):

,De vrouwen laten zich gewoonlijk verbranden als hun echtgenoot sterft en ze beschouwen het als een eer dat te kunnen doen. Na de dood van hun echtgenoot beginnen ze de rouwklacht, samen met de familieleden; men zegt dat de vrouw die teveel weeklaagt in feite niet verlangt naar haar echtgenoot. Na het rouwbeklag spreken de familieleden met de weduwe en geven haar de raad zich te laten verbranden en de familie geen oneer aan te doen.

Daarna wordt de echtgenoot op een baar van takken geplaatst en bedekt met rozen; de weduwe bestijgt een waardeloos paard en volgt de lijkbaar; ze draagt al haar juwelen en veel rozen; in één hand draagt ze een spiegel en in de andere hand draagt ze bloemen; er wordt muziek gespeeld en de familie van haar echtgenoot vergezelt haar ,with much pleasure'.

Dicht bij de vrouw stapt een man met een trommel: hij zingt en vertelt haar dat ze terug bij haar echtgenoot zal komen; zij antwoordt telkens dat ze inderdaad naar haar echtgenoot gaat. Op de plaats waar alle crematies plaatsvinden wordt het lijk in een put geplaatst en bedekt met takken. Vóór het vuur wordt aangestoken gaat de moeder (of nauwe bloedverwant) van de overledene drie keer rond de put, met een pot water op het hoofd... Dan wordt het vuur aangestoken en als het lijk verbrand is komt de weduwe en wast zich de voeten; een Brahmaan voltrekt bepaalde riten. Daarna legt ze al haar juwelen af en verdeelt die onder de meest geliefde familieleden; als ze zonen heeft beveelt ze die aan bij de familie. Als ze alles heeft uitgedeeld (ook haar goede kleren) trekt ze een geel kleed aan en aan de hand van familieleden loopt ze zingend rond de put; dan klimt ze de trappen op, terwijl ze een mat vóór zich houdt om het vuur niet te zien. Dan gooien de omstanders een kleine hoeveelheid rijst en een pakje betelbladeren, haar kam en haar spiegel in het vuur, zeggend dat ze die zal nodig zal hebben als ze terug bij haar echtgenoot is. Tenslotte neemt ze een pot olie op het hoofd en springt in het vuur, met een ongelooflijke moed. Onmiddellijk daarop gooien de familieleden hout op het vuur en bedekken haar volledig, en beginnen luid te lamenteren.

Als een belangrijk persoon sterft die veel vrouwen heeft, werpen die zich allen op de brandstapel.'

Bij Talārighāt wordt een overblijfsel van smeltvuren geassocieerd met de plaats waar vroeger de Satī-praktijk plaats vond.

17. Vīr-bhadra tempel.

18. Natural Archway

18b. *,Zenana' Enclosure.* Uit recent onderzoek blijkt dat in deze buurt van de stad niet, zoals meestal beweerd wordt, de residentie was

De torens bij de ,Zenana Enclosure'.

Lotus Mahal.

van de hofdames en koningin(nen). Nu wordt aangenomen dat zij verbleven in 23 en 24, terwijl de 'Zenana' Enclosure de ‚Club' was van de militairen. Het complex ligt juist naast een groot kruispunt en had dus strategisch belang. De torens rondom zijn belangrijke communicatiecentra, gebouwd vóór de grote muur rondom. In de rotsblokken van deze omheiningsmuur kan men goed de voorgekapte gaten zien, waarin natgemaakte houten wiggen werden gestoken om de rots te splijten.

18c. Het *Lotus Mahal* of Lotus-paleis is een mooi voorbeeld van Indo-Saraceense architectuur.

19. De zogenaamde ‚*Guards' Quarters'* zijn, volgens recente opzoekingen, eerder een soort schatkamer dan wachtlokalen. Dat wordt geconcludeerd o.a. uit de kleine ingang, de ventilatiegaten i.p.v. vensters en de stevige muren. Een dergelijke kamer zou ook passen in de vrij militaire stijl van geheel het complex.

20. *Elephants' Stables.* Deze gebouwen hebben hun naam gekregen in de lokale traditie, maar niets in het gebouw wijst erop dat hier inderdaad olifanten werden ondergebracht; er zijn zelfs geen ringen te zien in de vloer waaraan de dieren zouden zijn vastgebonden, zoals men nu nog kan zien in tempels in Zuid-India.

20b. *De Krishna Tempel 2* is bekend geworden door recente op-

‚Elephants' Stables'.

138

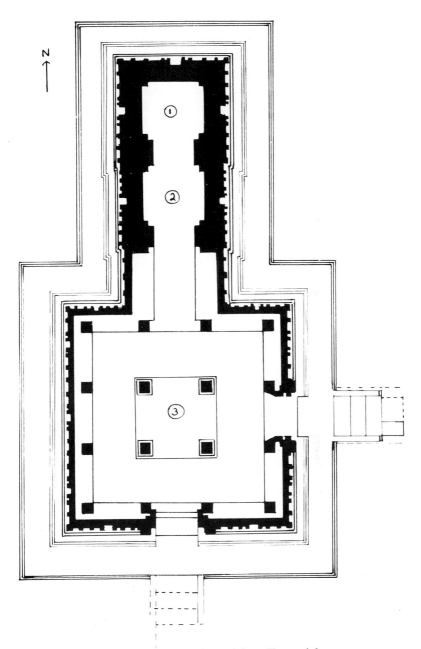

Grondplan van de Krishna Tempel 2

gravingen. Niet alleen is hier de onderstructuur maar ook de bovenstructuur in graniet, dit in tegenstelling tot bv. de hoger beschreven Krishna Tempel (14b). De tempel is gebouwd volgens een strak geometrisch grondplan, omstreeks 1380.

Aan de kleine Garbha-grih (cella) en antarāl (binnenportaal, 2) paalt een groter voorportaal (3). Aan de buitenkant merkt men de nissen in de muur en een elegante shikhar [] boven de cella. De 16 pilaren in het groot portaal zijn prachtig.

20c. *Ahmad Khān's* Dharmashālā heeft een interessante inscriptie. Daarin wordt vermeld dat een (muslim) officier, Ahmad Khān genaamd, dit gebouw liet optrekken op 18 sept. 1439, om voor zijn koning Dev Rāy II religieuze verdienste te verwerven, ,zolang de zon en de maan zullen bestaan'.

Opmerkelijk is dat dit gebouw staat in de muslimwijk van de stad. Paes schrijft in 1520: ,Aan het einde van de straat is de muslimwijk. Vele muslims dienen in het leger en worden door de koning betaald'. Ten noord-westen van dit gebouw zijn een aantal muslim graven.

21. *Ranga tempel.*

22. De ,*Hazār Rām'* of *Rāmchandra tempel* is gebouwd in 1513 en is omgeven door een mooi gesculptuurde muur; daarop zijn episoden uit

Friezen op de muren van de ,Hazār Rām' tempel.

140

de Rāmāyan en de Mahābhārat afgebeeld. De pilaren binnenin zijn meesterwerken van beeldhouwkunst; bovenaan de pilaren blijkt duidelijk dat men een houten structuur heeft willen nabootsen in steen. Mag men besluiten dat ook in Vijaynagar, zoals in zoveel andere sites in Zuid-India, de burgerlijke bouwkunst (paleizen enz.) voor een groot deel in hout was geconstrueerd — en dus gemakkelijk te verwoesten — en de tempels in graniet? Men kan zich wellicht de prachtige houten sculpturen van deze paleizen voorstellen door naar deze pilaren te kijken.

Ten noorden van deze tempel staat het Amman Shrine, voor de gezellin van de godheid in de hoofdtempel. Beide tempels hebben een mooie toren. In de noord-oostelijke hoek van het complex staat de

Pilaren in de ‚Hazār Rām’ tempel.

kalyān mandap (‚huwelijksportaal’), gebruikt voor tempelfeesten. Door deze constructie van latere datum zijn enkele mooie sculpturen op de omheiningsmuur verborgen. De overblijvende basreliëfs illustreren episodes uit de Rāmāyan.

23. In de *Danaik's Enclosure* — de Danaik was de generaal van het leger — ziet men de overblijfselen van wat wellicht een moskee kan zijn geweest. Uit de kronieken blijkt dat de Vijaynagar-koningen in hun rijk niet onverdraagzaam waren tegenover muslims, hoewel ze met hun muslimburen voortdurend in oorlog waren. De muslim historicus Firishtā vermeldt dat Dev Rāy II een moskee liet bouwen. Het gebouw dat hiervoor in aanmerking kan komen is naar het noorden gericht, maar heeft verder alle karakteristieken van de muslim architectuur. De *,Watch-tower'* in de noordwestelijke hoek van de Danaik's Enclosure is wellicht de kruitkamer van de stad geweest, massief gevuld op een kleine ruimte na.

24. De *,Mint'* (waar de munten zouden zijn geslagen) is volgens recente opgravingen ook een verkeerde benaming en dit complex wordt nu eerder ,Palace Enclosure' geheten.

25. In de *Underground tempel* of Mūl-virūpāksha Tempel, aan Shiva gewijd, zijn een aantal basreliëfs bewaard die erop wijzen dat de slangenverering verspreid was in Vijaynagar. Shiva is ook Heer van de Slangen. In deze tempel vindt men de nāg-kals (slangen-stenen) die door vereerders worden aangebracht, wellicht voor een gelofte; prachtige voorbeelden van nāg-kals staan ook bij de boom aan de Kodanda Rām Tempel (3).

26. De *King's Audience Hall* telde zes rijen van 10 pilaren elk, wellicht van hout. Geheel het gebouw, dat één of meerdere verdiepingen telde, was trouwens heel waarschijnlijk van hout. We lezen in de kroniek van Razzak dat ,de audiëntie-zaal van de koning hoog uitsteekt boven de rest van de gebouwen in de citadel'. Dichtbij ligt een grote stenen drinkbak.

27. Ondergrondse kamer

28. Van het paleis van de koning *(King's Palace)* is nu niets meer over dan een fundering die laat vermoeden dat hier, ten westen van het groot platform (29) het residentieel paleis van de koning moet zijn geweest, in hout gebouwd. De hoofdingang is naar het noorden gericht en het gebouw kan dus geen tempel zijn geweest.

29. *Throne Platform*. Dit is het meest indrukwekkende platform in de ruïnes van de stad, gebouwd door Krishna Dev Rāya in 1513 ,om zijn overwinningen in Orissa te vereeuwigen'. Het is door Paes (1520) beschreven als ,House of Victory' en bleek het centrum te zijn van de grote oktoberfeesten (Dasharā) die nu nog in India bijzonder populair zijn.

30. Het is niet duidelijk of het *,Queen's Bath'* ook gebruikt werd als bad voor de koningin. Het gebouw is in dezelfde stijl opgetrokken als de Lotus Mahal in de ,Zenana Enclosure' (18c).

31. In de buurt van de *Water Tower* krijgt men een idee van de waterbevoorrading in de stad en van projecten als bv. het Queen's Bath. Deze constructie diende wellicht om het water op te trekken uit de waterput even ten zuiden. Langs aquaducten werd dit water geleid naar het Queen's Bath, waar geen waterputten konden worden gedolven in de rotsgrond.

32. De *Chandrashekhar tempel* was aan Shiva gewijd.

33. De functie van het *Octagonal Bath* en het *Octagonal Water Pavillion* (34) was wellicht gelijkaardig aan die van het Queen's Bath (30).

35. De *Malyāvanta Raghunāth* tempel is aan Rām gewijd; naast het schrijn is er een mooi voorportaal en een kalyān Mandap, met prachtige sculpturen. Ook aan de binnenkant van de omheiningsmuur zijn opvallende basreliëfs. Voor de bedevaarders is bovenop de heuvel ook een spleet in de rots, die het resultaat zou zijn van de inslag van Rāmchandra's pijl.

36. De *Bhīm Gate* en de *Domed Gate* (37) zijn voorbeelden van de indrukwekkende poorten die op de grote invalswegen naar de stad werden gebouwd, voor de veiligheid en om belastingen te innen. In de Bhīm Gate is een mooi basreliëf van Bhīm, één van de Pāndav broers. Aan de binnenkant van de Domed Gate is een wachtlokaal, met een beeld van Hanumān. Paes schrijft over zijn aankomst in de stad: ,Het is een bijzonder goed versterkte stad, met muren en torens, en de poorten zijn heel sterk. De muren zijn niet zoals elders in India, maar werden stevig gemetseld'.

38. De *Pattābhi Rām Tempel,* dicht bij het dorpje Kāmalāpur, is de grootste in de ruïnes van Vijaynagar, gebouwd door Achyut Rāy rond 1540 (inscriptie). Vooral de omvang van deze tempel is indrukwekkend.

39. Boven op de *Mātanga hill* staat een tempel aan Parshurām gewijd. Hier heb je een uniek uitzicht, om de dag te eindigen.

HOOFDSTUK 6

VIJAYNAGAR ARCHITECTUUR IN ZUID-INDIA

Gezien de drastische vernietiging van de hoofdstad van de Vijaynagar dynastie, is het niet verwonderlijk dat de mooiste voorbeelden van de Vijaynagar bouw- en vooral beeldhouwkunst op andere plaatsen te vinden zijn, soms honderden km. ver. De Vijaynagar dynastie heeft niet alleen veel tempels gebouwd: ze hebben op veel plaatsen ook schenkingen gedaan, zodat in feite overal hun invloed merkbaar is.

Opvallend is dat de meeste heiligdommen aan Shiva gewijd zijn. De eerder zeldzame Vishnoeïtische beelden zijn vooral te vinden in de Venkat-raman tempel in Tādpatri [ ]. Ook worden de beelden van beide ‚secten' geregeld in één tempel gevonden.

1. *Shrīshailam*

De *Mallikārjun tempel* is prachtig gelegen op een heuveltop. Beneden loopt de Krishna rivier. De Lingam in de cella is een zeldzame *svayambhū*, d.i. ‚zelf geëmaneerd'. Duizenden pelgrims komen geregeld naar deze tempel. Een legende verklaart de oorsprong van de devotie. De koningsdochter Candrāvatī uit de buurt vluchtte voor haar vader en ging met enkele dienaars op de heuveltop wonen. Op zekere dag was één van de koeien vanzelf melk aan het geven op een rotsformatie. De koningsdochter ging kijken en zag in dat de rots een *svayambhū* Shiva Lingam was. Ze offerde ‚Mallik' en ‚Arjun' bloemen en kreeg een verschijning van Shiva zelf. Met de bloemen op zijn hoofd werd Shiva verder als ‚Mallikārjun' vereerd. Episoden over Candrāvatī en Shiva zijn afgebeeld in friezen op de *oostelijke muur*. Talloze verhalen over Shiva zijn bekend in de volkstraditie ter plaatse. De site zelf wordt reeds vermeld in het Sanskriet epos Mahābhārat; dit wijst op een verering die meer dan twee millennia oud zou zijn. We vinden in de Mallikārjun tempel ook een aantal Vijaynagar inscripties. Daarin worden de schenkingen van de dynastie aan de tempel vermeld. Zij bouwden er de vier hoge muren rond de tempel, de zuidelijke en de oostelijke gopuram (poort-toren), het buiten-portaal (mukh-mantap) en het klein Umā-maheshvar tempeltje aan de voet van de heuvel (bij het Pātālgangā riviertje [ ]).

De *muren* van de Mallikārjun tempel zijn voorzien van talloze, prachtige beelden en doen denken aan de Hazār Rām tempel in Hāmpī [ ]. Ze dateren van 1456. Men heeft deze muren vergeleken met een openluchtmuseum: je vindt er beelden met landschappen, bloemen, dieren, hemelse en menselijke figuren, militaire scènes, mythologische verhalen en enkele prachtige beelden van Shiva. Niet te missen is het miniatuur tempeltje in de zuidelijke helft van de oostelijke muur, met een Vīr-bhadra [ ] beeldje.

Noordelijke muur

Shiva Nat-rāj [ ], zonder de demoon Apasmār-purush. Onderaan staat de Stier Nandi die slaat op een trommel.

Mahīsh-asur-mardinī [ ].

Shiva Lingodbhav-mūrti [ ]. De Lingam staat op het afvloeikanaaltje. Boven rechts staat de zwaan en rechts daarvan staat Brahmā. Hij heeft drie hoofden en zijn onderste handen zijn gevouwen. Onderaan is de Ever (Vishnoe) aan het graven.

Sūrya (de zonnegod) staat op zijn wagen, met Arun als wagenmenner. In elke hand houdt hij een lotus en hij heeft een halo rond zijn hoofd. Rechts van hem staat Usā en links Pratyūsā, met boog en pijl.

Oostelijke muur

Lingodbhav-mūrti. Zoals in het beeld op de noordelijke muur is ook hier Shiva Chandrashekhar [ ] zelf niet afgebeeld. Hier heeft Brahmā een vierde hoofd boven de drie hoofden, zonder kronen. Hij houdt bloemen in zijn twee handen. Links staan de Ever en Vishnoe. Hij houdt de zonneschijf, de kinkhoorn, de knuppel in zijn handen.

Shiva als **Keval-mūrti** [ ], hier met een apetrommeltje en een schaal in zijn handen.

Verder ook een mooi paneel met **Kalyān-sundar-mūrti** [ ], of de huwelijksceremonie van Shiva en Pārvatī. Er zijn twee delen.

In het eerste deel is een voorval afgebeeld van vóór het huwelijk. Om de liefde van Pārvatī te testen verschijnt Shiva vóór Pārvatī in de vorm van een oude, kreupele man. Achter hem staan Brahmā en Vishnoe. Pārvatī herkent en vereert Shiva onmiddellijk. Brahmā houdt een ascetenkom (kamandalū)

145

en een krans vast, en met nog twee handen ondersteunt hij Shiva. Vishnoe houdt de zonneschijf en de kinkhoorn. Achter Pārvatī staat Himvān die wijst naar Pārvatī's moeder, die met tranen in de ogen(!) haar dochter ziet weggaan. Een beetje achterop staat Mīnā, de vrouw van Himvān, te wenen: zij weet immers niet wie die oude man is, met wie Pārvatī in het huwelijksbootje stapt.

Op het *tweede paneel* wordt de huwelijksceremonie afgebeeld. Shiva's rechterhand reikt naar Pārvatī. Zij is bijzonder mooi afgebeeld, met smalle heupten en volle borsten. Links van Shiva staat Brahmā die de huwelijks-rite (homa) volbrengt. Links van Brahmā staat Vishnoe. Himvān staat achter Pārvatī, met zijn twee handen boven haar hoofd. Meer op de achtergrond staan Mīnā, en verder Ganpati, Kumār [ ], Vishnoe, Brahmā en de Bewakers van de Richtingen (dik-pāl's [ ]). Ganpati zit op de rat; Kumār (met zes koppen) zit op de pauw; Vishnoe zit op de Arend Garud en Brahmā rijdt op de zwaan; Yam (god van de dood) rijdt p een buffel; Indra rijdt op een olifant en Varun op een krokodil; de god Vāyu (wind) rijdt op een hert; Kuber op een paard en Īshān op de stier.

Shiva afgebeeld als **Tripurāntak** [ ]. Brahmā is zijn wagenmenner, met drie hoofden. Vooraan staan de drie demonen, met schild en zwaard; één van hen heeft een buffelkop.

Kālāri-mūrti Shiva wordt voorgesteld als vernietiger, om een trouwe gelovige te redden. Het verhaal:

De jongen Mārkandey was een vurige volgeling van Shiva. Het noodlot had echter bepaald dat hij op 16jarige leeftijd moest sterven. Toen de tijd was gekomen bleef de jongen zorgeloos Shiva vereren. Yam, de god van de dood, kwam hem halen en op het moment dat hij zijn net rond Mārkandey wil gooien, pakt de jongen stevig de Shiva Lingam vast. Het net omvat ook de Lingam en Shiva verschijnt, stampt de Dood weg en redt Mārkandey.

Het paneel is in drie stukken onderverdeeld. In het eerste loopt Yam (de dood) achter Mārkandey aan, met zijn net in zijn handen. In het tweede zien we de jongen zijn armen rond de Lingam slaan. In het derde verschijnt Shiva: één voet staat nog in de Lingam, met de andere stampt hij de Dood weg. Shiva houdt een apetrommel en een hert vast, en drijft zijn drietand in het lichaam van de Dood. Zijn linkerhand rust op Mārkandey's hoofd.

Shiva als **Bhikshātan-mūrti** [ ]. Let op de kledij van de vier dames, onderaan, naast de dwerg: ze proberen duidelijk de aandacht van Shiva te trekken. Op een ander paneel met hetzelfde beeld staan hemelse figuren met (koninklijke) zonneschermen en vrouwen van ,zieners' met hun babies; ze hebben veel aandacht voor Shiva. Verder komen de

146

,zieners' tussenbeide om hun vrouwen tot de orde te roepen. De scènes zijn suggestief.

Sharabhesh-mūrti is een heel zeldzaam beeld.

Vishnoe had de vorm aangenomen van een Man-leeuw (nar-sinha [ ]), om de wereld te verlossen van de demoon Hiranyakashipu. Na de overwinning was Vishnoe Narsinha niet bevredigd en teistert de goden, die Shiva om hulp vragen. Shiva neemt de vorm aan van een Sharabh, een dier met twee koppen, prachtige vleugels, acht leeuwepoten en een lange staart. In die vorm verscheurt hij Narsinha. Vishnoe komt tot inzicht, prijst Shiva en trekt terug naar zijn hemel (Vaikuntha). Zo werd Shiva bekend als Sharabhesh of Sinha-ghna (de doder van de leeuw). Een duidelijk sectair verhaal en beeld.

De episode is hier in vier secties afgebeeld. In sectie 1 zien we Shiva met het onderlichaam van een leeuw en het bovenlichaam van een man, met twaalf armen. Narsinha heeft vier handen. In sectie 2 en 3 zien we het gevecht. Sharabhesh heeft hier twee koppen. In het vierde paneel verschijnt Vishnoe terug in zijn glorierijke vorm.

Twee beelden van **Ganpati,** zittend [ ] en

twee beelden van **Mahīsh-asur-mardinī** [ ], met acht handen. Met één hand pakt ze de buffel bij de staart.

Vishnoe met zonneschijf, kinkhoorn en knuppel en één hand in de ,vrees niet' houding (abhay-mudrā), en verder Vishnoe als **Narsinha** [ ]. Dit woeste tafereel is in twee delen verdeeld. In het eerste heeft Narsinha het lichaam van een mens met een leeuwekop en met vier handen. In drie handen houdt hij een zwaard, in de vierde hand een zonneschijf. In het tweede deel heeft Narsinha acht handen en rijt hij de maag van Hiranyakashipu open.

Sūrya of de zon, staande in de wagen gemend door Arun [ ].

De **Dikpāl's** of Bewakers van de acht Richtingen [ ] staan elk op hun eigen rijdier.

Zuidelijke muur

Shiva Nat-rāj met acht armen, zonder de demoon onder zijn voet [ ] en

Ardh-nārīshvar [ ], gezeten, met links Shiva en rechts Pārvatī.

Het beeld van **Vishnu-anugrah-mūrti** op deze muur suggereert een sectaire spanning tussen de volgelingen van Shiva en van Vishnoe: eens was Vishnoe niet in staat om bepaalde demonen te overwinnen en hij bad tot Shiva om de zonneschijf als wapen te krijgen. Shiva wilde hem

147

eerst testen. Vishnoe had al de gewoonte om Shiva elke dag te vereren met duizend lotusbloemen. Op zekere dag nam Shiva één van de bloemen weg en toen Vishnoe merkte dat hij maar 999 bloemen had, rukte hij zijn eigen oog uit om het getal vol te maken. Shiva was zo onder de indruk dat hij hem terstond de zonneschijf gaf. Pārvatī zit links van Shiva, vóór hen staat Vishnoe met gevouwen handen. Achter Vishnoe staat Brahmā met drie hoofden, ascetenkom en krans.

Kirāt-arjun-mūrti wordt in verschillende taferelen afgebeeld.

Het paneel hier is in vier secties ingedeeld. In de eerste sectie zien we Arjun die boete doet. Rond zijn schouders hangen boog en pijlen. In de tweede sectie zien we Arjun met boog en pijl in de handen, nadat hij blijkbaar een ever heeft doodgeschoten. Links van de ever staat Kirāt (dit is Shiva) met boog en pijl: ook hij heeft naar de ever geschoten. Achter hem staat Pārvatī met een rokje van bladeren, zoals Shiva. In de derde sectie zien we het einde van het gevecht tussen Arjun en Kirāt (of Shiva). Eén van de twee ligt op de grond en wordt gestampt door de ander: het is echter niet duidelijk wie op de grond ligt. Een volks verhaal wil dat Pārvatī per se de moedervlek op Arjun's rug wilde zien. In zijn laatste poging om Pārvatī ter wille te zijn en Arjun te vloeren struikelt Shiva en moet tijdelijk de nederlaag toegeven. In de vierde sectie is Arjun twee keer afgebeeld: hij buigt neer voor Shiva en Pārvatī die op de Stier Nandi zitten, en hij staat vóór hen, met gevouwen handen.

Op deze muur ook is een paneel met **Vīr-bhadra** [ ]. Hier zien we ook de echtgenote van Daksha, met gevouwen handen. Vīr-bhadra op deze muur is in verschillende secties verdeeld. In sectie 1 staat hij met acht armen. In sectie 2 stampt hij Daksha. Daksha en zijn echtgenote vallen op de grond. Verder zien we het offervuur, met rechts Vīr-bhadra (met vier armen!), Daksha (zonder hoofd) en Bhadrakālī [ ], links van Vīr-bhadra.

Shiva als **Bhikshātan-mūrti** [ ]. De dwerg draagt de bedelschaal op zijn hoofd.

Er staan op deze muur ook twee beelden van Shiva die de olifant-demoon doodt **(gaj-asur-samhār-mūrti)** [ ], een beeld van een dansende **Ganpati** en een **Mahīsh-asur-mardinī** [ ].

Westelijke muur

Het Tantrisch beeld van **Ganpati met Devī** is bijzonder interessant. Gewoonlijk wordt in dit beeld gesuggereerd dat Ganpati poogt sexuele betrekkingen te hebben met Devī, die — volgens de Boeken — heel

148

aantrekkelijk moet zijn gebeeldhouwd, met twee handen en veel uwelen. Hier zit Devī op zijn linkerdij en Ganpati probeert zijn slurf te steken in haar yoni.

Het *buiten-portaal* (mukh-mantap) werd gebouwd door de Vijaynagar koning Harihar II, in 1405. Binnenin, rechts van de ingang naar het binnen-portaal, staan beelden van Siddhi Ganpati en van een godin, en links staan **Vīr-bhadra** [ ] en **Bhadra-kālī** [ ] (Durgā met zestien armen).

De *Umā-maheshvar tempel* ligt aan de voet van de heuvel, op ca. 3 km van de hoofdtempel. De aftakking van de Krishna rivier heet hier Pātāl-gangā. De beeldhouwwerken dateren van ca. 1540.

In de *,muur links van de ingang tot de cella'* staat **Ardh-nārī** [ ], in dvibhanga (twee keer gebogen); rechts staat Shiva. In de cella staan de beelden van Shiva en Pārvatī. Op de achtermuur van de cella staat Shiva als **Lingodbhav-mūrti** [ ]. Hier zien we Shiva Chandrashekhar (,met de maansikkel') uitgehouwen in de Lingam. Hij heeft vier armen en houdt een bijl en een hert vast. De Ever (Vishnoe) staat onderaan.

In de *,muur rechts van de ingang'* staat Shiva als **Kankāl-mūrti** [ ]. Rechts van Shiva staat een vrouw die hem een kind aanbiedt.

Op de *zuidelijke muur van de cella* staat Shiva als **(Vīnādhar)-dakshinā-mūrti** [ ]. Hij zit op een berg, onder een boom. In zijn handen houdt hij een slang, een bijl en een luit. In zijn ascetenhaar zien we een schedel, rechts de godin Gangā en links de maansikkel. Rechts onder staat de Stier Nandi.

Ook een mooi beeld van **Harihar** [ ], met rechts Shiva en links Vishnoe. In het linkeroor is een krokodilembleem (makar-kundal), rechts een slangenembleem (sarpa-kundal).

Op de *westelijke muur van de cella* zien we het **Somāskanda** beeld van Shiva en Devī met hun zoon Skanda [ ].

Vrish-vāhan-mūrti of Shiva ,gezeten op zijn rijdier'. Hier staat de Stier Nandi achter hem.

Op de *noordelijke muur van de cella* staat **Shiva Nat-rāj** [ ] op de demoon Apasmār-mūrti [ ] en een **Vishnu-anugrah-mūrti** [ ].

Ook een mooi voorbeeld van de **Gangā-dhar-mūrti** of Shiva ,die de Ganges door zijn haren laat vloeien'. Dit verwijst naar een boeiend verhaal, van strijd tussen goed en kwaad, en van de goedertierendheid van Shiva. Het verhaal:

Koning Sagar had van zijn eerste vrouw een zoon, Asamanjas genaamd, en 60.000 zonen van zijn tweede vrouw. Asamanjas is een schurk en dat worden de 60.000 halfbroers ook, tot grote ergernis van de goden. De goden vragen de asceet Kapil om hulp. Een tijdje later organiseert koning Sagar een paarden-offer (ashva-medha): een paard werd een jaar lang vrij rondgelaten om een nieuw gebied ritueel in te palmen; daarna werd het geofferd. De god Indra verbergt het paard in de onderwereld en de 60.000 zonen volgen zijn spoor, tot bij de kluis van de asceet Kapil. Hem verdenkend van diefstal willen ze hem vermoorden maar door zijn ascese-kracht verandert hij ze allemaal in as. Later wordt één lid van dezelfde familie een krachtig asceet, Bhagīrath genaamd, en hij verkrijgt dat de godin (en rivier) Gangā over de as zou vloeien om al de broers naar de hemel te doen gaan. De godin moet echter over de aarde naar de onder-wereld en die rechtstreekse beweging is onmogelijk. Shiva laat toe dat de godin Ganges langs zijn haren over de aarde kan vloeien en zo verder naar de onderwereld.

De afbeelding van Shiva met Gangā in zijn haren is een beroemde illustratie van zijn vriendelijkheid en een mythologische verklaring voor het ontstaan van de Ganges.

Volgens de voorschriften in de Heilige Boeken staat Shiva, in dit beeld, met zijn onderste rechterhand rond zijn gezellin Umā. Zij staat links van hem en ziet er bedrukt uit! Op een dikke haarlok zit de godin Gangā. Op hetzelfde paneel staat gewoonlijk ook de asceet Bhagīrath [ ].

Shiva Tripur-antak („die de drie steden vernietigt'). Het verhaal:

De demoon Tārak-asur heeft drie zonen die de goden en de wereld pesten, vanuit hun drie kastelen. Niemand kan hen aan en Shiva wordt om hulp gevraagd. Shiva als Mahādev („de grote god') neemt een reusachtige vorm aan en gewapend met de Vedas als boog, en met Vishnoe als pijl — let op de superioriteit van Shiva over de andere goden in al deze verhalen — en Yam (de Dood) als pijlveder, valt hij aan. Hij vernietigt de drie kastelen en wordt sindsdien vereerd als Tri-pur-antak.

Op het paneel hier staat Shiva op een strijdwagen: de zon is het achterwiel, de maan is het voorwiel. Brahmā is de wagenmenner.

2. *Tādpatri*

ligt aan een noordelijke bocht van de Pennar rivier.

De *Rām-lingeshvar tempel* (gebouwd in 1450) is gewijd aan **én Rām én Shiva,** met Pārvatī. De kalyān-mandap (hal voor het huwelijk van de godheden) staat in de zuid-westelijke hoek (4).

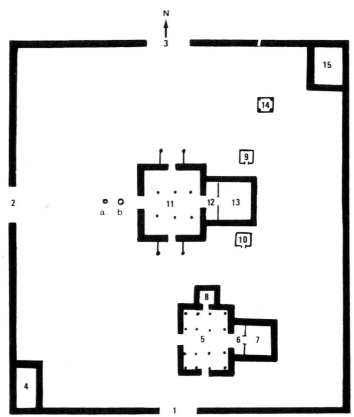

Grondplan van de Rām-lingeshvar tempel in Tādpatri

Zuidelijke poort

Vier mooie beelden van Shiva als **Keval-mūrti [ ]**. Volgens de Boeken van Beeldhouwkunst moet Shiva in deze afbeeldingen in één rechterhand een beitel vasthouden, terwijl zijn andere rechterhand in de ,vrees niet' (abhay-mudrā) houding is. In één linkerhand moet hij een hert vasthouden, terwijl de andere linkerhand zich met de vingers naar beneden houdt (varad mudrā). In de beelden van de zuidelijke poort houdt hij (tegen de regels?) een drietand; een boog en een pijl; een zwaard en een schild; een pijl en een hert; een boog en een pijl. Hij staat telkens in dvibhang, dit is ,zijn lichaam twee keer gebogen'.

Twee beelden van Shiva als **Sukh-āsan-mūrti,** dit is ,gemakkelijk gezeten'. Volgens de Boeken over Beeldhouwkunst zou hij zijn linker been onder zich moeten houden, terwijl zijn rechterbeen naar beneden hangt. Zijn bovenste handen moeten een bijl en een hert vasthouden, zijn onderste handen zijn in abhay-mudrā (vrees niet) en in varad-mudrā (vingers naar beneden). In de beelden hier houdt Shiva boog en pijlen, zwaard en drietand vast; in een ander beeld is hij afgebeeld met bijl en hert, en de onderste handen in de voorgeschreven houding.

Shiva als **Dakshinā-mūrti** of ‚Leraar van het zuiden’, verschijnt in vier vormen.

Hij is leraar van yoga, van muziek (met de vīnā of luit als instrument), van Kennis (jnān) en van de Heilige Boeken (shāstra). Hij wordt verondersteld te zitten in een eenzame plaats in de Himalayas, onder een *banyan* boom, op een tijgervel of op een witte lotus. Hij heeft ook drie ogen en vier armen. In één hand houdt hij een krans (aksamālā) vast; in de bovenste linkerhand houdt hij vuur of een slang. Zijn lang ascetisch haar is opgebonden, versierd met bloemen, een slang, schedels, de maansikkel. In het midden van zijn haar is gewoonlijk de glimlachende godin Gangā [ ] te zien.

In de **Jnān-dakshinā-mūrti** houdt hij zijn onderste rechterhand in jnān-mudrā: de toppen van de middelvinger en van de duim raken elkaar, bij het hart, met de palm van de hand gericht naar het lichaam.

In de **Vīnādhar-dakshinā-mūrti** houdt hij een luit (vīnā) in zijn handen.

Eén beeld op de zuidelijke poort is heel waarschijnlijk Shiva als **Yog-dakshinā-mūrti:** hij houdt zijn onderste linkerhand in yoga-mudrā: de palm van de rechterhand ligt in de linkerhand en beide handen liggen op de gekruiste benen van het zittende beeld. Tegelijk echter houdt hij in zijn bovenste handen een bijl en een hert!

Twee beelden van Shiva als **Vīr-bhadra.** Het verhaal:

Shiva's schoonvader Daksha (vader van Satī), organiseert een grote offer-ceremonie. Daarop nodigt hij zijn dochter en Shiva niet uit. Satī wil in elk geval naar het feest, maar wordt er heel onbeleefd behandeld. Zij pleegt zelfmoord door in het vuur te springen. In razernij trekt Shiva een lok uit zijn haar en verandert die in de reusachtige Vīr-bhadra: deze vernietigt het offer van Daksha en hakt zijn hoofd af. Na het smeekgebed van zijn echtgenote wordt Daksha opnieuw levend gemaakt, deze keer met een geitekop.

Onderaan, in elk paneel, zien we Daksha, met zijn geitekop en gevouwen handen.

Shiva Nat-rāj, met de voet op de demoon Apasmār-purush [ ] en Shiva als **Bhikshātan-mūrti** [ ].

Ganpati, de olifant-zoon van Shiva en Pārvatī. Deze god verschijnt in verschillende vormen: sthānak (staande), āsīn (zittend), nritta (dansend), yānak (op zijn rijdier), en devīsahit (in het gezelschap van Devī of Pārvatī). Op deze zuidelijke poort staan twee beelden van Ganpati: staande en één dansend.

Kumār, de andere zoon van Shiva, wordt ook Kārttikey, Skanda of Subrahmanya genaamd. Hij wordt staande (sthānak), zittend (āsīn) of rijdend (yānak) afgebeeld. Hij kan vier, zes, acht of twaalf handen hebben. Hier is hij gezeten op de pauw; in zijn vier handen houdt hij een vlag, een net en nog eens een vlag.

Devī (de gezellin van Shiva) wordt ook Pārvatī, Durgā [ ], Umā, Gaurī, Kālī, Cāmundā, Mahīsh-asur-mardinī [ ], Bhadra-kālī [ ] of Bhairavī geheten. Zij wordt veel afgebeeld in de buurt van Shiva. Hier zien we Pārvatī alleen, met in haar handen een drietand, een apetrommeltje en een zwaard.

In één beeld op deze muur houdt **Durgā** [ ] een drietand, in een ander beeld houdt ze een drietand, een apetrommeltje en een zwaard vast.

Shiva's gezellin is hier ook afgebeeld als **Mahīsh-asur-mardinī** („de demoon Mahīsh dodend').

> Volgens de boeken moet deze woeste verschijning drie ogen hebben, kloeke borsten en smalle heupen, het lichaam ‚in drie gebogen' (tri-bhang). Zij moet tien handen hebben, met een drietand, zwaard, speer, zonneschijf, boog, net, prikstok, schild, bijl en bel. In haar haar-kroon prijkt een maansikkel. Onderaan ligt de demoon met afgehakt hoofd; uit de nek komt de demoon naar buiten, met zwaard en schild. Devī heeft het rechterbeen op de rug van haar leeuw, het linkerbeen op de buffel.

Niet alle attributen zijn volledig in elk beeld aanwezig. Hier duwt ze haar drietand in het lijf van de buffel en het zwaard in zijn kop.

Narsinha of Vishnoe als Man-leeuw [ ], die de demoon Hiranyakashipu doodt. Hier is hij ééns afgebeeld in yoga-houding (yog-narsinha) en ééns staande.

Lakshmī staat hier afgebeeld met vier handen (in de aanwezigheid van Vishnoe wordt ze slechts met twee handen voorgesteld).

Noordelijke poort

Shiva als **Vīnādhar-dakshinā-mūrti** [ ]: hij houdt een luit in zijn twee onderste handen. In de andere handen heeft hij een apetrommeltje en een krans.

Drie beelden van Shiva als **Keval-mūrti** [ ], met verscheidene attributen.

Drie beelden van Shiva als **Sukh-āsan-mūrti** [], het linkerbeen opgetrokken en met drietand en apetrommeltje; bijl en drietand.

153

Umā-mahesvar-mūrti [ ] en een **Vrishabh-ārūdh-mūrti** [ ]: Shiva op de Stier Nandi. In andere beelden van dit soort is ook Devī gezeten op de Stier, hier niet!

Er is ook een mooi beeld van **Ardh-nārīshvar** [ ].

Shiva Nat-rāj staat met één voet op de demoon Apasmār-purush [ ].

Het beeld van **Harihar** verwijst naar de periode in de ontwikkeling van de devotie tot Vishnoe en Shiva, toen de grote controversen gekalmeerd waren.

Het beeld evoceert namelijk het verhaal (de overtuiging?) waarin Vishnoe aan een ziener verklaarde dat hij en Shiva één waren. En Vishnoe verscheen aan de ziener ook in een dubbele vorm. De Shiva helft ziet er uit als in het Ardh-nārīshvar beeld [ ]. (De halve) Vishnoe houdt in zijn handen de zonneschijf (cakra), of de kinkhoorn (shankha), of de knuppel (gadā). Op het beeld hier zien we duidelijk de scheiding tussen de kroon van Vishnoe (die een kinkhoorn en een knuppel vasthoudt), en de haardos van Shiva (die een bijl en een drietand houdt).

In het paneel met **Vīr-bhadra** [ ], staat Daksha met gevouwen handen en zien we ook Bhadrakālī [ ], met zwaard en schild.

Gaj-asur-samhār-mūrti: Shiva als Vernietiger (van het kwaad) wordt hier voorgesteld als de doder van de olifant.

Eens waren enkele brahmanen aan het mediteren bij een Lingam. Een olifant kwam aandraven en stoorde hem. Shiva kwam te voorschijn uit de Lingam, doodde de olifant en danste op zijn huid. Dit voorval wordt gesitueerd in Valuvur (bij Thanjavur) waar een mooi metalen beeld deze episode uitbeeldt. Hier staat Shiva met zijn linkervoet op het hoofd van Gaj-asur ('olifant-demoon'), hij drijft zijn drietand in het hoofd van de olifant.

Twee beelden van Shiva als **Bhikshātan-mūrti** [ ] en twee beelden van **Ganpati** [ ], staande, één van Ganpati, dansend en een *zeldzaam beeld* van **Ganpati** rijdend op de leeuw [ ].

Ook het beeld van **Ganpati met Devī** is zeldzaam (Devī-sahit-mūrti [ ]). Hij houdt zijn onderste linkerhand rond Devī, die zit op zijn geplooid been. Zijn rijdier, een muis, is vooraan te zien.

Pārvatī [ ] op deze poort heeft al de voorgeschreven attributen: prikstok, net, en de twee onderste handen in varad-mudrā (vingers naar beneden) en abhay-mudrā ('vrees niet').

Shiva's gezellin staat als **Durgā** [ ], in twee afbeeldingen.

Volgens de voorschriften kan Durgā vier, acht of meer handen hebben, drie ogen, ronde heupen en kloeke borsten, met slangen errond. In haar handen moet ze een zonneschijf en een kinkhoorn dragen (symbolen van Vishnoe). Sommige Boeken vermelden dat zij de jongere zus van Vishnoe is. Zij staat op een verhoog of op de kop van een buffel. In één beeld hier houdt ze een bijl en een net; in een ander beeld houdt ze een hert en een lotus.

Narsinha, [ ], staande, met zonneschijf en kinkhoorn, gezeten en met boog en pijl in de bovenste handen.

Lakshmī [ ], ééns staande, met zonneschijf, lotus, kinkhoorn en ascetenkom, en ééns zittend, met zonneschijf en kinkhoorn, rechterhand in de ,vrees niet' houding en de linkerhand met de vingers naar beneden (varad mudrā).

Brahmā, [ ], rijdend op de zwaan. **Sarasvatī,** de gezellin van Brahmā, rijdt op de zwaan en houdt een vīnā (luit) in haar handen. Zij is de godin van de wijsheid, de muziek en de studenten.

Het *Rām schrijn* (8) en het *schrijn van Pārvatī* (7, gezellin van Shiva!) hebben een gemeenschappelijk buitenportaal (mukh-mantap, 5). Deze schrijnen zijn, uitzonderlijk, respectievelijk naar het zuiden en naar het westen gericht. Het Pārvatī schrijn heeft ook een binnen-portaal (antarāl, 6). Boven de cella is een pūrn-kalash (vol vat) en bij de ingang van de Pārvatī cella staan Deurwachtsters (dvār-pālikā).

In de cella van het Rām schrijn staan **Rām, Sītā** en **Lakshman.**

In het klein schrijn (10) staat een beeld van **Vīr-bhadra** [ ].

Het *Rām-lingeshvar* schrijn heeft een buiten-portaal (mukh-mantap, 11) en een binnen-portaal (antarāl, 12). Links van de zuidelijke ingang staat een vrouw met een kamandalū (waterpot van een asceet) in haar hand, terwijl ze met de andere hand een bloemenkrans legt op de Lingam.

Gaj-Lakshmī [ ], staat boven de ingang van het binnen-portaal (antarāl)

De *Venkat-raman tempel* is de tempel van de ,nederdalingen' (avatār's) van Vishnoe en werd gebouwd rond 1530. Hij staat op een kleine afstand ten zuid-oosten van de vorige tempel.

Zoals bij de andere tempel in Tādpatri staat ook hier de *kalyān-mandap* (voor de huwelijksceremonie van de goden) in de zuid-westelijke hoek (10). Het hoofdschrijn is 45 m. lang en heeft een cella (garbh-

155

grih, 25), een binnen-portaal (antarāl, 24), een buiten-portaal (mukh-mantap, 23) en een groot voorportaal (mahā-mantap, 20).

Aan de ingang staat een stenen kar (19), gebouwd als een tempel [ ] en getrokken door twee paarden.

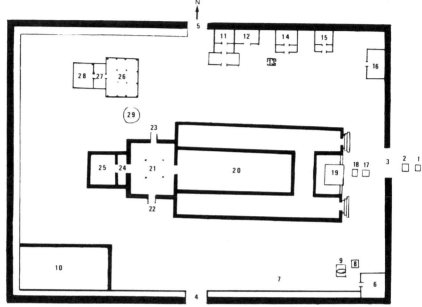

Grondplan van de Venkat-raman tempel in Tādpatri

Vishnoe wordt aanroepen met Duizend Namen (sahasra-nām), waarvan er vooral 24 belangrijk zijn. Deze 24 verschillende Namen worden ook in 24 verschillende vormen uitgebeeld, onderscheiden van elkaar door de attributen die hij vasthoudt en de volgorde van deze attributen.

Op een pilaar van het *Grote Voorportaal* (mahā-mantap) staat Vishnoe als **Hrishikesh,** met zonneschijf en lotus, lotus en kinkhoorn, en als **Hari,** met zonneschijf en lotus, kinkhoorn en lotus.

Matsya-avatār of Vishnoe ‚neergedaald’ als Vis. Tijdens een ‚tussenperiode’ in de circulaire evolutie van de kosmos, worden de aarde en de andere· wereld overstroomd door de oceanen. De demoon Hay-grīv steelt de Vedas uit de mond van de half-slapende schepper. Vishnoe werd verzocht de Vedas terug te veroveren en neemt de vorm aan van een Vis (matsya). Hij verschijnt als een vis, of als half-vis half-mens, met

156

vier handen die een kinkhoorn en zonneschijf vasthouden en in ‚vrees niet' houding of in de varad-mudrā (vingers naar beneden) staan. Een *uitzonderlijk beeld* van *Vishnoe als Vis* staat hier op een pilaar. In de onderste rechterhand houdt hij de (vier) Vedas en met de andere hand scheurt hij de maag open van Hay-grīv.

Kūrm-avatār of Vishnoe ‚neergedaald' als Schildpad. Om nectar voor de goden te bekomen wordt de melkzee gekarnd (samudra-manthan) door de berg Mandar rond te draaien. Vishnoe neemt de vorm aan van een Schildpad om deze berg te ondersteunen. Dit is een geliefd thema in de miniatuur-illustraties van het Sanskriet werk Bhāgvat Purān (6de e. n.C.?). In het beeld hier heeft Vishnoe het bovenlichaam van een mens, met vier handen, en het onderlichaam van een schildpad. De handen houden een zonneschijf en een kinkhoorn, en zijn in abhay en varad mudrā.

Varāh-avatār of Vishnoe als Ever [ ]. Varāh wordt meestal staande of zittend afgebeeld, met de godin Bhū (aarde) op zijn arm. In de afbeelding hier is hij in een geweldig gevecht met Hiranyakashipu verwikkeld.

Yog-narsinha of Vishnoe als Man-leeuw [ ], in yoga houding.

Narsinha met Devī, die op zijn linkerdij zit en een lotus in de rechterhand houdt.

Prahlād-anugrah-mūrti of Narsinha in het gezelschap van Prahlād [ ]. Vishnoe, met de kop van een leeuw, houdt één hand op het hoofd van Prahlād.

Rāmchandra of Vishnoe ‚neergedaald' als Rām, de prins van Ayodhya. Hij is hier afgebeeld met zijn linkerhand op de linkerdij van Devī. Zij heeft beide benen over zijn linkerdij.

Krishna of Vishnoe ‚neergedaald' als de ridder Krishna, die de berg Govardhan [ ] optilt.

Kalki of de laatste ‚nederdaling' van Vishnoe, met een paardekop en het lichaam van een mens, met vier handen (met kinkhoorn en zonne-schijf). Hier is hij gezeten op een paard.

Brahmā gezeten, met een ritueel lepeltje en een net in zijn handen. Hij heeft een baard op elk gezicht.

Shiva als Keval-mūrti [ ], met in zijn handen een drietand en een apetrommeltje.

Boven de (oostelijke) hoofd-ingang van het *buiten-portaal* (mukh-mantap, 23) zien we **Gaj-lakshmī** [ ].

Vāman-trivikram of Vishnoe die als dwerg de drie werelden verovert [ ]. Brahmā zit bij de linkse, opgeheven voet en heeft drie hoofden.

Op de *noordelijke muur van de cella* staat **Mahīsh-asur-mardinī Durgā** [ ], met zes handen, op haar leeuw en

Visnoe als **Vāman-avatār** of Vishnoe ,neergedaald' als dwerg [ ]. Er zijn hier drie panelen: In het eerste staat de Dwerg vóór koning Bali, met uitgestrekte linkerarm. In het tweede strekt hij zijn rechterarm uit. In het derde deel staat Vishnoe in zijn cosmische vorm, de drie werelden veroverend. Brahmā wast de voet van Vishnoe!

Krishna staat aan de ingang van het paleis van de tiran Kamsha. De olifant Kuvalaypīd moet de toegang verhinderen maar Krishna stampt de olifant dood.

Op de *westelijke muur* staat **Narsinha met Devī** [ ] en **Krishna** die een rotsblok tussen de bomen meesleurt. Nalkūbar en Manigrīv verschijnen uit de bomen.

Op de *zuidelijke muur* staan twee afbeeldingen van **Krishna.** Op één zien we Yashodā die probeert de kleine Krishna vast te binden aan een rotsblok; op de andere zien we de duivelse Pūtan die, in dienst van de tiran Kamsha, alle babies zoogt met gif. Krishna zuigt alle gif uit haar borsten tot ze er van sterft! Hier wordt duidelijk haar doodsstrijd gesuggereerd, terwijl Krishna het gif uitzuigt.

In de **cella** staat het beeld van Vishnoe Venkateshvar.

Ten *oosten van de noordelijke poort* is een schrijn met de beelden van **Varā**h [ ] en **Lakshmī** (11). Daarnaast (12) staan de tempelkarren, en verder (14) een schrijn gewijd aan Lakshmī-nārāyan [ ]. Daarvóór (13) staat een *brindāvan* struik en nog meer oostwaarts een schrijn van de filosoof Rāmānuj.

Het *schrijn van Devī of Lakshmī* (gezellin van Vishnoe) (28) is naar het oosten gericht, met een cella, een buiten-portaal en een binnen-portaal. Boven de ingang van het binnenportaal zit **Gaj-lakshmī** in lotus houding.

Ook het ronde schrijn (29) is aan Lakshmī gewijd.

3. *Lepākshī.*

Volgens een legende werd de *Vīr-bhadra tempel* gebouwd door Virū-panna, de lokale schatbewaarder van de Vijayanagar dynastie. Zonder toelating zou hij de belastingsinkomsten, bestemd voor Vijaynagar, hebben aangewend om steenkappers en beeldhouwers aan het werk te zetten voor het bouwen van een schrijn voor Vīr-bhadra [ ]. De inscripties vermelden geen bouwjaar maar waarschijnlijk is het werk te dateren rond 1530, onder koning Achyut Rāy.

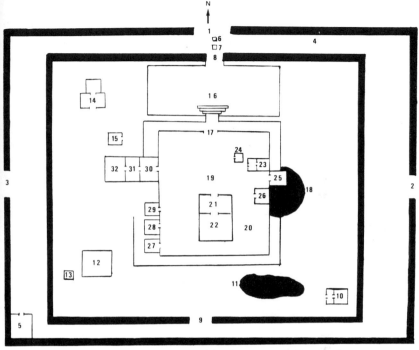

Grondplan van de Vīr-bhadra tempel, Lepākshī

De *noordelijke poort* (1) is de hoofdingang van het complex.

Op de oostkant van de reuze rotsblok aan de zuidkant (11) is een altaar uitgehouwen, waarop een **reuzeslang** ligt, met zeven kappen. In het midden van de slang staat een afvoerkanaaltje, waarboven een Lingam staat in graniet. Op de noordwand van de rots is een beeld van **Ganpati** uitgehouwen.

De *kalyān-mantap* (12) staat in de zuidwestelijke hoek en heeft tachtig pilaren. Op één van die pilaren zien we een mooi beeld van **Shiva als Keval-mūrti** [ ]. Hij houdt een bijl en een hert vast. Zijn haren zijn rondgedraaid als bij een asceet: dit is een jatā-mukut of haarkroon.

159

Uiteraard vinden we hier ook een mooi voorbeeld van Shiva als **Kalyān-sundar-mūrti**. In dit paneel staan Shiva en Pārvatī. Vishnoe en zijn gezellinnen Lakshmī en Bhūmī staan achter de bruid: ze raken haar aan alsof ze haar aan de bruidegom overleveren. Op de voorgrond staat gewoonlijk Brahmā, die de homa-ritus volbrengt (hier aan een andere kant van de pilaar); hij heeft drie hoofden en vier handen.

Op een andere pilaar staan de **Bewakers** van de **Acht Richtingen** (asta-dik-pāl), precies in de vorm zoals het is voorgeschreven: Indra met vier handen en de olifant; Agni (vuur) met twee gezichten, vier handen en de ram; Yam (Dood) met vier handen, en de buffel; het beeld van Nairuti is beschadigd; Varun en de krokodil; Vāyu en het hert; Kuber en het paard; Īshān en de stier Nandi.

Rechts van de hoofdingang staat een schrijn (15), gewijd aan Ānjaney.

Het *hoofdschrijn,* gewijd aan **Vīr-bhadra** [ ], is naar het noorden gericht. Je stapt achtereenvolgens door de danszaal (nātya-mantap 16), langs een trap omhoog naar de zuilengang (17), het buiten-portaal (19), een rondgang (pradakshinā, 20), het binnen-portaal (antarāl,21), tot in de cella (garbh-grih, 22).

In de *danszaal* (16) staan zeventig pilaren, met Vijaynagar kapiteel, en voorzien van prachtige, gedetailleerde beelden.

Het lichaam van Shiva als **Bhikshātan-mūrti** is drie keer gebogen (tri-bhang). Hij draagt zijn 'harenkroon' (jatā-mukut), waarin de godin Gangā zit. Onderaan, naast de dwerg, geeft een vrouw, met mooie haartooi, voedsel in de bedelschaal.

Op een pilaar van het *buitenportaal* (mukh-mantap) staat de **dansende Shiva** op de demoon Apasmār-purush [ ] en zien we hem als

Gaj-asur-samhār-mūrti [ ]. De demoon komt hier duidelijk te voorschijn uit de mond van de olifant, met zwaard en schild.

Het verhaal van Arjun en Shiva **(Kirāt-arjun-mūrti** [ ]) staat mooi afgebeeld op de *buitenmuur van het buiten-portaal,* beginnend rechts op de westkant.

In *sectie 1* zien we de voorgeschiedenis zoals ze verteld wordt in het Sanskriet epos Mahābhārat. De wijze Vyās bezoekt de Pāndav broers in hun ballingschap. Hij zit tegenover de oudste broer Yudhisthir. De vier andere broers staan op een rijtje: Bhīm, Arjun, Nakul en Sahdev. De oude raadgever Bhīsm steunt op zijn knuppel. Vyās geeft de broers de raad de god Indra op te zoeken om een heilige formule te krijgen die al hun wensen moet vervullen.

160

In *sectie 2* staat Arjun klaar om naar Indrakīl in de Himalayas te vertrekken, gewapend met boog en pijl, zwaard en harnas. Daar doet hij bijzonder harde boete. Hij wordt ook afgebeeld vóór een schrijn met (Shiva) Lingam. Hij vereert de Lingam met wierook, wellicht in de veronderstelling dat dit een oordeel is van de boete die hij volgens Vyās moest doen.

In *sectie 3* staat Arjun als een echte yogī, het linkerbeen opgeheven. Twee hemelse schoonheden proberen hem te verleiden, gezonden door Indra om Arjun te testen. Verder komt Indra naar Arjun, vermomd als een oude wijze.

In *sectie 4* verschijnt Indra in zijn echte vorm, met vier armen. Arjun luistert aandachtig, met gevouwen handen. Het verhaal gaat verder op de *noordkant*, van rechts naar links. Opvallend is hoe de scheiding tussen de panelen wordt aangeduid door aan elk uiteinde de figuren met de rug naar elkaar te plaatsen. Arjun staat nog altijd in zijn yoga positie. Verder zien we Arjun en Shiva vechten, terwijl de ever Mūkāsur toekijkt. Dan geraken Arjun en Shiva handgemeen met elkaar en tenslotte ligt één van de twee onderaan, terwijl Pārvatī toekijkt [ ]. Zij onderzoekt Arjun's moedervlek. In het laatste paneel verschijnen Shiva en Pārvatī vóór Arjun, die hen vereert. Hij is gekleed als een prins en heeft terug zijn beroemde boog (gāndīv) bij zich. Er is ook een rij zwanen, symbool van de ascese.

Op een pilaar staat een mooi beeld van **Ganpati,** dansend [ ].

Rechts staat een *schrijn aan Vishnoe gewijd* (30) en links een aan Shiva als **Pāp-vināsheshvar** (de Heer die de zonden verwijdert; 23). Op de achterwand van de cella staat Shiva afgebeeld als **Bhikshātan-mūrti** [ ].

In de *slaapzaal* (shayan-āgār; 25) zijn Vijaynagar schilderijen.

Verder zijn er de Rām-linga tempel (27), de Bhadrakālī [ ] tempel (28) en de Hanumān-linga tempel (29).

Op een kleine afstand van de tempel staat het **grootste Nandi beeld in India,** een prachtig voorbeeld van Vijaynagar beeldhouwkunst. De Stier van Shiva valt hier op door zijn fiere houding, de kop hoog opgeheven.

4. *Kāl-hasti*

De *Kāl-hastīshvar tempel* trekt gelovigen aan uit geheel India. Meer dan 70 Vijaynagar inscripties zijn hier gevonden (gedateerd van 1423 tot 1569).

De meest recente en grootste poort-toren (gopuram), even ten noordwesten van de hoofdingang, werd gebouwd door Krishna Rāy, in 1516. Deze *Krishna Rāy poort* staat op een hoge basis, wat typisch is voor de

161

Vijaynagar stijl. Rechts van de ingang staat een mooi beeld van **Kumār** [ ], op de pauw; links staat **Ganpati** [ ]. Op een pilaar in de muur staat Shiva als **Dakshināmūrti:** in zijn bovenste handen houdt hij een hert en een drietand; zijn onderste rechterhand is in jnān-mudrā [ ]. Zijn haren hangen over zijn schouders. Op een binnenmuur staat ook Shiva als **Bhikshātan-mūrti [ ].**

Boven de eigenlijke *,hoofdingang'* staat ook een gopuram, wellicht gebouwd door een voorganger van Krishna Rāy; rechts staat een mooi beeld van **Durgā** [ ], links één van **Nritta-Ganpati** (dansende Ganpati [ ]).

Dicht bij de pre-Vijaynagar westelijke poort staat de befaamde *Honderd Pilaren Zaal*, gebouwd door Krishna Dev Rāy in 1516.

Op één pilaar staat Shiva als **Bhikshātan-mūrti** [ ].Ook hier voedt hij een hert met zijn onderste rechterhand en houdt hij zijn linkerhand op de bedelschaal.

Op twee andere pilaren staat een naakte **Bhairav** [ ], vóór een hond. Shiva als Bhairav moet er schrikwekkend uitzien: hij is naakt en met slangenemblemen, zijtanden en grote, ronde ogen moet hij Pārvatī afschrikken.

Mahīsh-asur-mardinī [ ] staat hier op de buffel, en heeft vier handen.

Brahmā, met drie hoofden en vier handen. Hier houdt hij in de handen een krans en ascetenkom vast. Brahmā — meestal met baard afgebeeld — kan de volgende attributen in zijn handen houden: krans, pakje gras, ascetenkom(men), rituele lepels, boek, ritueel ghee-potje. Hij kan ook vergezeld zijn door Sarasvatī (rechts) en Sāvitrī (links) en worden afgebeeld als staande, of zittend of rijdend op de zwaan.

Op een pilaar in het *schrijn ten noordoosten van de Honderd Pilaren-zaal* zien we **Devī-sahit-mūrti** of Shiva met (zijn gezellin) Devī.

Er zijn drie soorten beelden met deze configuratie: ālingan-mūrti (,in omhelzing' en staande) zoals hier, Umā-maheshvar-mūrti (Umā en Shiva als Maheshvar, in omhelzing en zittend), en Somāskanda: Shiva en Devī zijn gezeten en tussen hen in zit Skanda. De zoon Skanda zit of staat of danst.

In dit schrijn staan Shiva en Devī in tri-bhanga, ,het lichaam drie keer gebogen'. Shiva houdt in zijn handen een hert en een slang. Met één hand houdt hij Devī vast (achter de rug en onder haar borst), met een andere hand houdt hij haar rechterhand vast. Gewoonlijk staat Devī aan Shiva's linkerkant, hier niet.

Op een andere pilaar staat Shiva als **Vīr-bhadra** [ ].

,**Shiva Nat-rāj,**' met één voet op de demoon [ ] en ,**Mahīsh-asur-mardinī**' [ ], met vier handen.

Twee beelden van **Brahmā** [ ]. Op één pilaar is Brahmā gezeten. **Sarasvatī,** op de zwaan gezeten en met vier handen [ ].

Op een pilaar in het *Vierpilaren schrijn ten oosten van de Honderd Pilaren Zaal* staat een mooi beeld van de **Dansende Shiva** (nat-rāj).

Shiva is de Heer van de dans (nat-rāj) en uiteraard is hij in alle tempels in alle mogelijke danshoudingen afgebeeld.

Deze afbeeldingen van **de dansende Shiva** — veelal in een kring van vuur — vindt men vooral in brons. Ze illustreren de legende van Shiva, die — vergezeld door Vishnoe vermomd als mooie vrouw — er op uit trekt om 10.000 kwaadaardige asceten in een woud tot rede te brengen. De ,heiligen' nemen het niet en sturen een vreselijke tijger op Shiva af. Hij vilt de tijger en trekt de huid aan als een mantel. Dan sturen ze een giftige slang: Shiva temt het beest en hangt het rond zijn hals. De asceten sturen een kwaadaardige, *zwarte* dwerg: Shiva stampt hem neer en op zijn buik voert hij de bekende, magische dans uit. De dans maakt een geweldige indruk en allen erkennen Shiva als hun meester. In de (bronzen) beelden van de dansende Shiva staat hij veelal met een voet op de dwerg, het andere been in volle beweging. In zijn zwierende haren zien we soms de godin Ganga.

Er zijn twee basisonderverdelingen van **Shiva Nat-rāj**: met de voet op de demoon *Apasmār-purush* en zonder deze demoon.

We geven hier eerst de variëteiten in deze beelden. Al deze vormen zijn nauwkeurig beschreven in de heilige teksten, tot in de kleinste details van hand- en beenhoudingen. We onderscheiden **9 variaties van Shiva Nat-rāj.** Alle hebben drie ogen, behalve 5 en 6.

1. Rechtse been is licht gebogen en staat op de demoon Apasmār-purush, het linkse been is opgeheven. Hij houdt een apetrommeltje, vuur in een pot of in de handpalm, onderste handen in abhay mudrā (,vrees niet') en rustend op het lichaam. In zijn hoofdharen zien we bloemen, een slang, juwelen een schedel en de maansikkel. De hoofdharen hangen in 6-7 vlechten naar beneden, soms samenkomend in een cirkel. Pārvatī staat meestal naast hem, vergezeld soms van de asceet Bhringī [ ] of Bhadrakālī [ ].
2. Dit beeld is gelijkaardig aan 1. Alleen is de godin Gangā zichtbaar in zijn hoofdharen.
3. Gelijkaardig aan 1. Alleen staat Shiva's linkse voet op de demoon.

4. Gelijkaardig aan 1. Zijn hoofdharen zijn in de vorm van een schijf rond zijn hoofd gevlochten.

5. In dit beeld wordt het rechterbeen opgeheven tot aan Shiva's hoofd, zijn linkervoet staat op de demoon. Shiva heeft acht armen. In drie rechtse handen houdt hij een drietand, een net en een apetrommel. In drie linkerhanden houdt hij een schedel, vuurvat en een bel.

6. In dit beeld heeft Shiva 16 armen. Links van hem staat Devī, met de zoon Skanda in haar armen. Uit schrik voor zijn (vreselijk) dansende vader houdt Skanda zich stevig vast aan de borst van zijn moeder.

7. Shiva heeft acht armen en drie ogen en uitzwierende haardos. Zijn linkerbeen rust op de demoon, zijn rechterbeen is ver uitgestrekt tot boven zijn hoofd.

8. Zoals zeven, maar met 6 armen.

9. De voet van Shiva staat niet op de demoon maar op een voetsteun. Hij heeft vier armen.

Het beeld van Shiva Nat-rāj in dit schrijn houdt de voet op de steun, niet op de demoon.

Op een andere pilaar zien we Shiva als **Bhikshātan-mūrti.** Het verhaal:

Shiva bedreef een onnoemelijke zonde door één van Brahmā's vijf hoofden af te hakken. Om dit uit te boeten raadt Brahmā hem aan als bedelmonnik zijn voedsel te bedelen in de afgehakte schedel, tot hij Vishnoe ontmoet die hem de juiste manier zou vertellen om van de zondeschuld af te geraken. Shiva doodt de deurwachter. Nog een zonde stapelt zich op zijn hoofd! worden smoorverliefd op hem. Tenslotte bereikt hij Vishnoe's huis maar de deurwachter (Vishvakshena) laat hem niet binnen. Een gevecht volgt en Shiva doodt de deurwachter. Nog een zonde stapelt zich op zijn hoofd! Met de deurwachter op zijn drietand gespiest stapt Shiva het huis van Vishnoe binnen. Vishnoe raadt hem aan naar Varanasi (Benares) te trekken om in een ritueel bad in de Ganges zijn zonden uit te boeten!

In het paneel hier geeft Shiva eten aan een hert, met zijn onderste rechterhand, en zijn onderste linkerhand houdt hij op de bedelschaal.

Op een andere pilaar staat **Bhairav** [ ].

Door de binnenste omheining kom je langs een zuidelijke poort, die ook door de Vijaynagar dynastie werd gebouwd. Binnen de omheining staat het schrijn van Kāl-hastīshvar (uit de Chol periode [ ]), naar het westen gericht, en van Jnān-prasūnāmbā, naar het oosten gericht.

5. *Pushpagiri*

Om Pushpagiri te bereiken moet je ongeveer 6 km wandelen vanuit

Cennur (te bereiken uit Cuddapah). De drie tempels liggen langs de Pennar rivier, binnen een omheining.

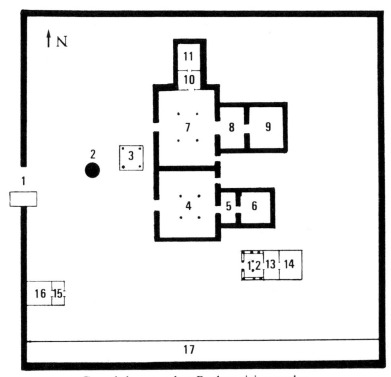

Grondplan van het Pushpagiri complex

Je gaat de omheining binnen langs de westkant (1), langs een pilaar (2) en een klein schrijn (3). Door het buitenportaal (mukh-mantap, 4) en het binnenportaal (antarāl, 5) kom je in de cella (garbh-grih, 6) van de *Chenna-keshav tempel* (gewijd aan Vishnoe). De tempel is naar het westen gericht.

Langs een buitenportaal gemeenschappelijk voor twee tempels (7), en een binnen-portaal (8), kom je in de cella van de *Santānamalleshvar tempel*. Op de *oostelijke buitenmuur* van deze cella staat Shiva als **Kankāl-mūrti**. In dit beeld draagt Shiva een kankāl-danda of skelet-stok, waarop hij de benen van vermoorde personen vastbindt. Hij moet ook houten sandalen dragen en slangenemblemen over geheel zijn lichaam.

De vrouwen in zijn gezelschap kleden zich volledig uit, zoals duidelijk zichtbaar is in dit paneel. De vrouw hier maakt een gebaar om haar saree op te trekken, maar dat kan niet als ze niet haar rijstkom laat vallen. Opvallend zijn de mooie juwelen die de (half-geklede) vrouwen dragen.

Shiva als **Kirāt-arjun-mūrti** [ ], in drie secties. In het eerste paneel heeft de beeldhouwer willen suggereren dat Arjun én Shiva op hetzelfde moment op de ever hebben geschoten. In het tweede paneel is Shiva duidelijk op de grond, met Arjun boven hem. Pārvatī schijnt aandachtig te kijken naar de moedervlek die Shiva aanduidt. In het derde paneel ontvangt Arjun de Pāshupat pijl die Shiva hem aanbiedt. Tussen beide staat een wijze, mogelijk Indria incognito of Vyās.

HOOFDSTUK 7

BEELDEN EN TEMPELS ALS MICROCOSMOS

Als ik een tempel in India bezoek, treed ik binnen in een ruimte die sacraal werd gemaakt in een periode toen de mens heel anders dacht dan nu. Toen leefde de mens zeer bewust in de overtuiging dat onze kleine wereld van de ervaring — onze microcosmos — een weerspiegeling is van het geestelijke — de macrocosmos.

Elke gewijde daad — een offerritus, of het bouwen van een tempel, dat een equivalent is van de offerritus of van het kappen van een beeld — is een bewust *overstappen naar het geestelijk niveau,* een contact met de macrocosmos. De tempel en de sculpturen zijn vooral geestelijke duiders, afspiegelingen van De Realiteit, van het goddelijke. Als het beeld artistiek ook aantrekkelijk is, is dat niet toevallig: het is aantrekkelijk omdat het ,waar' (satya) is, ,waar' in de Sanskriet betekenis van Zijn (of ,goddelijk' in onze terminologie).

De esthetische ervaring bij de studie van de tempelarchitectuur en de sculpturen is dan ook van secundair belang. Dat is slechts de eerste trap en het voornaamste komt daarna. Voor de bouwers en beeldhouwers waren deze stenen monumenten participaties met en wegen naar het goddelijke: een snijpunt tussen hun microcosmos en de macrocosmos.

Alleen als we dit kunnen aanvoelen zullen we de ware, diepmenselijke kunst van de Indische tempel kunnen waarderen. We moeten dus in de teletijdmachine en ons in een ander denkpatroon gaan inleven.

De visie van Alice Boner

Inzake de betekenis van de sculpturen heeft Alice Boner (1889-1981) een opmerkelijk onderzoek verricht. Zij trok rond 1930 naar India, na een vorming als kunstschilder. Daar werd ze geïnitieerd in yoga en in de Indische filosofie.

De sculpturen die ze o.m. analyseerde, bevonden zich in de rotstempel te Ellorā, Bādāmī en Mahābalīpuram. Deze tempels dateren van vóór de

9de eeuw n.C. en hebben zowel beelden van Vishnoe als van Shiva. In die tijd had zich de strikt sectarische opsplitsing tussen Shaiva's (Shiva-gelovigen) en Vaishnava's (Vishnoe-gelovigen) nog niet voltrokken. Hindoes aanbaden de Opperste Realiteit—volgens de geest van de Oepanishaden — onder verschillende aspecten, vormen en namen. Toch traden toen vijf godheden sterk op de voorgrond: Ganpati, Vishnoe, Shiva, Shakti en Sūrya.

In 1941, tijdens een intense studie en contemplatie van de prachtige gebeeldhouwde panelen binnen in de grottempels van Ellorā (een dagreis ten noord-oosten van Bombay), kreeg A. Boner voor het eerst een inzicht in de compositie van de beelden. In het beeld van Vishnoe Trivikram [ ], werd voor haar een zeker patroon van lijnen zichtbaar.

Het steeds terugkerende patroon bestaat uit een cirkelvormig veld rond een centraal punt, in diameters opgedeeld en verder opgesplitst door lijnen parallel met de diameters.

De compositie is dus afgestemd op een centraal referentiepunt en vormt op deze manier een concentrisch geheel. Het bleek bv. ook dat de inclinatie van de essentiële lijnen verschillend was in de beelden van Vishnoe in vergelijking met de beelden van Shiva.

Terecht vroeg Boner zich af of deze structuur, die in alle composities te vinden was, een toevallige handleiding was die de beeldhouwer in staat stelde een perfect, harmonisch beeld te construeren. Of was het een bijna aangeboren inzicht in de metafysiek van de vorm, een vorm die de inwendige realiteit van de cosmos aanschouwelijk maakt?

Na jaren zoeken — in 1975 — werd de juistheid van haar visueel inzicht in de beeldcompositie bevestigd door de ontdekking van een Sanskriet tekst, de Vāstusūtra Upanishad van Pippalāda (9de eeuw n.C.?). Daarin werd de metafysische en de symbolische betekenis van de inwendige beeldstructuur gegeven.

Het tot stand brengen van een beeld wordt in de boeddhistische traditie als volgt beschreven:

,De kunstenaar *(sādhak, mantrin, yogin:* merkwaardige termen voor een kunstenaar!) moet zich ritueel zuiveren en naar een eenzame plaats trekken. Hij moet de geesten van de Boeddha en de Bodhisattva's aanroepen en bloemen opdragen. Dan moet hij zich in de geest de vier deugden voor-stellen van vriendelijkheid, medelijden, sympathie en onpartijdigheid. Dan moet hij mediteren op niet-existentie (shūnyatā), want bij deze afgrond

168

wordt de indruk van het individualisme terdege vernietigd. Dan pas moet hij de specifieke godheid aanroepen met de speciale formule (mantra) en zich volledig identificeren met de godheid die moet worden afgebeeld. Als hij vervolgens de contemplatie-mantra (dhyān-mantra) uitspreekt—daarin worden de goddelijke attributen gedefinieerd — verschijnt de godheid als in een spiegel, als in een droom. Dit is het model dat hij in steen moet uitkappen.'

De boeddhistische en hindoe kunst zijn naast elkaar geëvolueerd zoals blijkt uit de grottempels van Ellorā, waar boeddhistische en hindoeïstische heiligdommen zich in ééénzelfde complex bevinden.

Een specifieke eigenschap van de oude beeldhouwkunst is dat in een inwendige visie het beeld wordt geschapen, bepaald door metafysische wetmatigheden. De kunstenaar moet zich bevrijden van alle banden met de uitwendige wereld, zijn individualiteit vergeten en in de contemplatie zijn model ervaren. De contemplatie-mantra's waarover sprake in het citaat zijn een saaie opsomming van de attributen van de godheid, die geen inspiratie bieden als ze niet zijn voorafgegaan door de voorgeschreven spirituele voorbereiding. Als ze echter worden uitgesproken in de geest van *inwendige participatie* komen ze tot leven en vormen een perfect model voor de ogen van de kunstenaar.

De determinanten van lijn en cirkel, eigen aan de fenomenale wereld, worden wel gebruikt, maar alleen omdat ze de enige taal zijn die wij begrijpen. De vormen van deze uitwendige wereld zijn geen doel op zichzelf, zij zijn enkel een hulpmiddel om de metafysische werkelijkheid uit te beelden. Daarom — zoals bij de yantra's en de Tibetaanse thangka's — is concentratie van de geest de voornaamste doelstelling, en niet het artistiek genoegen. Dit wordt bevestigd door het feit dat de beeldhouwers zich niet roemen op hun artistieke prestatie. Ze bleven anoniem. Yantra's zijn abstracte geometrische configuraties die in het tantrisme als hulpmiddel voor de meditatie en contemplatie worden aangewend. Op dezelfde manier zijn boeddhistische thangka's, waarop heiligen of heilige situaties zijn geschilderd, hulpmiddelen voor de contemplatie.

Het Vedische offeraltaar

Het meest oorspronkelijke inzicht in de structuur en de symboliek van de heiligdommen en de integratie van de mens in de kosmische orde wordt ons wellicht verschaft door het vedische offeraltaar. In de visie van de Vedische mens kwam de kosmos tot stand omdat het Oer-Wezen (Purusha), aanwezig vóór alles bestond, zich opsplitste in vele delen. Daaruit ontstonden alle elementen in deze wereld en elk individu. De stenen waarmee het altaar werd gebouwd (1000 of een veelvoud van 1000) symboliseren al deze geschapen elementen.

Door het vertikaal opstijgen van de vlam identificeert de mens (purusha) zich met het Oerwezen (Purusha). In de bouw van het altaar werd door de vedische brahmanen telkens opnieuw het opsplitsen van Purusha uitgevoerd. Met de vurofferande werden de individuele wezens geïntegreerd in het Opper-Wezen, werd de spirituele opgang van de ziel bewerkstelligd.

De hindoe-tempel is een verdere evolutie van dit offer-altaar. Hier is het centrum, het heilige der heiligen, aanwezig in de holte van het meest inwendige schrijn (garbh-grih of cella) van de tempel.

Ook in de beelden van de oude tempels vinden we heel sterk die concentrische structuur terug. Zoals bij het vedische offeraltaar vindt men er het centrum en de elkaar kruisende lijnen.

Ordening van de ruimte

Om goed te begrijpen wat zal volgen over de geometrische structuur van het hindoe-beeld, moeten we hieraan toevoegen dat samen met het creëren van de Ruimte ook het aspect Tijd zichtbaar wordt. Bv. een rechte lijn, de kortste weg om twee punten met elkaar te verbinden, suggereert een snelheid, energie en directheid.

Lijnen in een bepaalde ruimte zijn chaotisch tot er een bepaald *centrum* wordt gedefinieerd waarmee deze lijnen in relatie staan. Van zodra er een centraal punt ontstaat, krijgt elke onderverdeling in een ruimte meer of minder belang naargelang de afstand tot dit centrale punt. Er wordt een zekere hiërarchie geschapen met het centrum als referentiepunt. Dit centrum heeft geen afmetingen maar bepaalt alles. Precies in de overgang van punt naar lijn vangt de ordening van een ruimte aan. De oneindige ruimte wordt gesymboliseerd door de cirkel, want de cirkel is de perfecte, volledige vorm.

Alleen het centrum is statisch; alhoewel het zelf onzichtbaar is, brengt het al de krachtlijnen tot leven door ze te coördineren. Het centrum van de compositie is meestal te vinden in één van de energie-centra van de godheid (cfr. de acht centra in yoga) zoals de navel, borst, keel. Het centrum kan ook liggen bij de onderste wervel, als het beeld verschrikke-lijke dynamiek en vernietiging suggereert.

De *cirkel* rond het centrum zou de totale ontwikkeling van het bestaan en spirituele leven evoceren. Wanneer alle elementen nauw verbonden zijn met het centrum van het beeld, kan men de geest via contemplatie gradueel terugvoeren van de periferie naar het centrum, t.t.z. van de uitwendige aspecten naar de innerlijke essentie van de dingen.

De *diameters en parallelle lijnen* aanwezig in het diagram van een beeldhouwwerk zijn volgens Boner geenszins toevallig, maar weerspiege-len onveranderlijke kosmische principes. De vertikale, horizontale en schuine lijnen hebben allemaal hun intrinsieke betekenis en oefenen op de toeschouwer een bepaalde invloed uit. *De vertikale lijn,* en meer in het bijzonder de centrale vertikale lijn, is de steunpilaar waarop de gehele compositie rust. Deze lijn weerspiegelt de transcendente aspiraties, de opgaande dynamiek. Zij is tijdloos.

Horizontale lijnen beperken en bepalen de vertikale dimensie en vice versa. Het netwerk van deze horizontale en vertikale lijnen duidt de ruimte aan. De windrichtingen in deze lijnen, symbolisch en metafysisch aanwezig — d.w.z. zo zijn de rechte lijnen van de macrocosmos ook —, zijn de dragers van energie. Ze transformeren de compositie tot een levend geheel, in rust of vol spanningen.

Elke compositie is verdeeld in twee fundamentele ruimte-richtingen: vertikaal en horizontaal, stevig en onwankelbaar.

De verschillende bestaansniveau's worden door de horizontale lijnen van elkaar afgezonderd. De fysische existentie (bhū, aarde) bevindt zich onderaan waar de nāga's (serpenten), yaksha's (demonen) en duivels zich ophouden. In het midden zien we de rishi's (wijzen) en yogi's, die vertoeven in de sfeer van waarneming, voelen en gedachte (bhūvar). Tenslotte huizen de dev's (goden), siddha's (volmaakten) en gandharva's (hemelse muzikanten) in het hemelse rijk (svar), het geestelijk niveau. De hoogste goddelijke figuren strekken zich over de drie niveau's uit, want zij zijn aan geen enkele existentie gebonden. Een lotus, leeuwentroon, water of het rijdier van de godheid als voetsteun (vāhan) symboliseren hun superieure positie.

De schuine lijnen (diagonalen en andere) zorgen voor de dynamiek, zij belichamen de dimensie tijd in de compositie. Naarmate de schuine lijnen de horizontale lijn benaderen wordt het beeld dynamischer; naarmate de vertikale lijn wordt benaderd is rust overwegend.

In vele sculpturen zijn — volgens Boner — volgende *basis-componenten* terug te vinden:

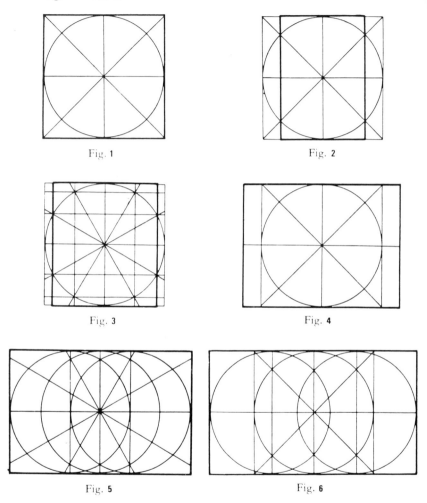

Fig. 1

Fig. 2

Fig. 3

Fig. 4

Fig. 5

Fig. 6

– het formaat van de sculptuur wordt bepaald door de omringende cirkel en niet door de plaats die moet opgevuld worden in het architecturale kader (zie fig. 1);
– de essentie van de compositie bevindt zich in de centrale cirkel;
– de centrale cirkel wordt verdeeld door 6, 8 of 12 diameters, waarvan de

vertikale (madhyasūtra) als eerste wordt beschouwd en de horizontale (madhya-prasth) als tweede wordt bestempeld. Opvallend is dat de geanalyseerde Vishnoeïtische sculpturen een diagram met 8 diameters vertonen, terwijl de meeste Shivaïtische beelden 6 of 12 diameters bezitten. Dit verklaart ook het verschil in buiging van de schuine lijnen—zoals hogerop werd vermeld — want dit is afhankelijk van het aantal diameters die de cirkel opdelen (zie fig. 2, 3, 4).

– verder wordt de cirkel verdeeld door schuine lijnen die de snijpunten van de cirkel met de diameters met elkaar verbinden (zie fig. 3, 4).

– de statische ruimte-indeling wordt bereikt door de vertikale en horizontale lijnen, terwijl de beweging (tijd-dimensie) door de schuine lijnen wordt bereikt.

– voor de ruimte-indeling worden alle lijnen gebruikt, terwijl voor de beweging enkel een selectie van toepassing is.

– belangrijk is dat elke diameter een tegenpool heeft, als een spiegelbeeld, in het tegenoverliggende vlak.

Samenvattend

De diagrammen die volgens Boner aan de basis van de beeldhouwwerken liggen, bestaan uit vier fundamentele elementen:
– het centrum (madhya-bindu) (niet noodzakelijk het geometrische centrum), de kruising tussen de vertikale en horizontale hoofdas;
– de omringende cirkel;
– de diameters;
– lijnen parallel met de diameters die de snijpunten van cirkel en diameter met elkaar verbinden.

Vertikale en horizonale lijnen geven de ruimte-indeling aan. De schuine lijnen suggereren de bewegings-(tijds-)indeling. Alle mogelijke combinaties van convergerende, divergerende, tegengestelde en parallelle lijnen illustreren de vereiste dynamiek van de godheid.

Tot zover een korte synthese van de belangrijkste conclusies die A. Boner formuleerde na jaren meditatie en studie van de sculpturen in de grottempels van Ellorā, Bādāmī en Mahābalīpuram. Er moet aan toegevoegd worden dat niet alle sculpturen van die tijd volgens dezelfde principes leken gemaakt te zijn. In Ellorā bv. blijken de sculpturen binnenin de grottempels volgens een strikt concentrisch plan te zijn ontwikkeld, terwijl aan de buitenkant de beelden een ruwere afwerking en minder duidelijke structuur vertonen. Dit contrast speelde in op de intenties van de toeschouwer: voor de voorbijganger — in de buitenste gangen — volstond het om bij de rondgang de dramatische aspecten van het beeld in zich op te nemen. Als men zich echter begaf binnenin de tempel, duidelijk met de bedoeling zich langdurig op de godheid te concentreren, vervulden deze sculpturen de functie van hulpmiddel bij meditatie en contemplatie. Merkwaardig genoeg vond A. Boner in de tot dan toe bekende Sanskriet werken over beeldhouwkunst deze compositie-principes, die de geometrische constructie tot een harmonisch geheel maakten, niet terug. Totdat ze na lang speuren en jaren samenwerking met lokale pandits restanten vond van een handschrift, Vāstusūtra Upanishad genaamd, door een zekere Pippalāda geschreven. Boner die de uitgave en vertaling van deze tekst heeft helpen voorbereiden, is in 1981 op 92-jarige leeftijd gestorven, de dag nadat de tekst naar de drukker werd gestuurd.

a. De sculptuur hieronder afgebeeld toont de incarnatie van Vishnoe die als dwerg op de aarde komt om de demonenkoning Bali te verslaan.

Vishnoe Trivikram (Ellora, grot 15).

174

Wanneer hij aan koning Bali de toestemming vraagt om het land toegewezen te krijgen dat hij in drie stappen kan bereiken, ontpopt hij zich in zijn goddelijke vorm. Met de eerste pas bestrijkt hij de gehele aarde, de tweede stap omvat de hemelen en met de derde stap duwt hij de demonenkoning in de onderwereld. Aan de linkerkant grijpt Vishnoe's rijdier, Garud, Bali bij zijn haar en dreigt met zijn hand Bali neer te slaan. Rechts giet Bali Ganges-water in de handen van een brahmaan om zijn belofte aan Vishnoe te bekrachtigen. De centrale figuur is Vishnoe in zijn goddelijke gedaante, met 8 armen, schrijdend doorheen hemel en aarde.

b. De cirkel is in 8 diameters opgesplitst. De vertikale middenas (AA') loopt door Vishnoe's gezicht, door het midden van zijn borst en langs zijn kleed naar beneden. De horizontale middenlijn (E'E) gaat doorheen het centrum (madhya-bindu), nl. in de omgeving van Vishnoe's navel. De polsen die het zwaard en de schede van het zwaard omklemmen bevinden zich op dezelfde lijn. Het lange zwaard accentueert de horizontale middenlijn sterk en scheidt de gebeurtenissen van de lagere regionen (Bali) scherp af van wat zich afspeelt in de wereld van Vishnoe. Het buigt iets af van de horizontale lijn om het dynamische van de beweging niet teveel af te remmen.

De twee essentiële diameters zijn D'D en B'B. Ze kruisen elkaar met een hoek van 45 graden in het centrum van Vishnoe's lichaam. Deze twee lijnen vertegenwoordigen de totale dynamische spanning van het beeld. B'B loopt van Vishnoe's voet op de grond via de navel en borst naar zijn bovenste hand die de schelp vasthoudt. Het gehele gewicht van Vishnoe's lichaam rust op deze diameter en houdt terzelfdertijd een opgaande beweging in. D'D toont een voorwaartse kracht van het uitgestrekte been en plant zich achteraan voort in de schouder van Garud. Vishnoe die het hele universum met zijn drie passen omvat, vormt de centrale as van dit beeld; zijn voeten reiken de aarde, zijn hoofd het uitspansel. Zijn armen en been weerspiegelen in een middelpuntvliedende beweging zijn allesoverwinnende energie. Het hoofd blijft temidden van de actieve krachtopname een kalm en sereen tegengewicht.

De kleine statische figuurtjes op het onderste niveau vormen de maatstaf voor het onmeetbare, zij benadrukken nogmaals de gigantische stappen van Vishnoe.

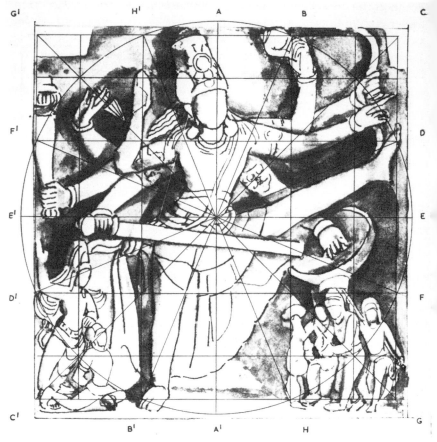

Ellora grot 15: Vishnoe Trivikram.

De inzichten van A. Boner vonden een traditionele basis door de
ontdekking van enkele handschriften in Orissa met het Vāstusūtra
Upanishad van Pippalāda (9de eeuw n.C.?). Hoewel doorgaans onder
,vāstu' architectuur wordt verstaan en met ,shilpa' beeldhouwkunst
wordt bedoeld, heeft Pippalāda's tekst over de hindoe-beeldhouwkunst
toch de naam ,vāstusūtra' meegekregen. Hier worden de beelden namelijk gesitueerd in de totale lay-out van het geometrische grondplan, van
de gehele compositie. Waarom het ,sūtra' wordt genoemd en niet
,shāstra', wordt verklaard door de aard van dit werk. Het geeft geen
opsomming van allerlei regels voor een artistieke produktie — zoals die in

176

de shāstra's voorkomen — maar biedt integendeel een diepgaande studie aan van de fundamentele principes die ten grondslag liggen aan de vormfiguratie. Het bevat een esoterische doctrine, typisch voor de Upanishaden, waarbij de beeldhouwkunst op een filosofische en meta-fysische wijze wordt ontleed.

In de Shilpa Shāstra's wordt de beeldhouwkunst als uiterlijke manifes-tatie beschreven, maar wordt het fenomeen op zich niet bevraagd. Zijn relatie met de cosmische wetten, zijn functie voor de fenomenale wereld en invloed op het spirituele leven van de mensen worden niet nagegaan. Boner echter wist, net als Pippalāda, in de sculpturen van Ellorā, Bādāmī en Mahābalīpuram de transcendentale symboliek te onderken-nen. Ze merkte op dat deze artistieke creaties geen doel op zich vormden, maar als concentratiepunt voor de geest dienden, en naar het uiteindelijke doel (*moksha* of verlichting, bevrijding) leidden.

Deze vormsymboliek is geen intellectueel verzinsel, maar een concreti-satie van emotionele ervaringen en waarnemingen. Zo geeft een cirkel de idee van concentratie, cohesie en eenheid of brengt een beweging die van een centrum uitgaat, zoals de stralen van de zon, een indruk teweeg van groei en expansie. Vormen en lijnen hebben een bepaalde functie die op ons onderbewustzijn inwerken en aan het bewuste, rationele intellect ontsnappen. Deze vorm-taal had voor de mensen in vroegere tijden geen geheimen toen hun cognitief vermogen nog niet was afgestompt en zij nauw in kontakt leefden met de natuurkrachten.

Pippalāda's tekst kan een hulpmiddel zijn voor de hedendaagse mens — opgebracht in een bijna exclusief geschreven en woordelijke commu-nicatie — om de draagkracht van die visuele boodschappen opnieuw aan te voelen, om via het materieel zichtbare naar de oneindige ultieme werkelijkheid gevoerd te worden.

De auteur van de Vāstusūtra Upanishad wilde de equivalentie be-wijzen van de taal van de vormen (sculpturen) met het vedische offerri-tueel. Er is trouwens een analogie te zien tussen de geometrische structuur van het vedische offeraltaar enerzijds, met zijn precieze aantal bakstenen in horizontale en vertikale richting, en de structuur van het beeld anderzijds als efficiënte verwijzer naar de macrocosmos. Een beeld maken is als het ware het vedische offer opdragen, met al de kosmische gevolgen van dien: bewerkstelligen van de communicatie tussen de aardse en transcendente werkelijkheid. De ‚kennis van het geometrische plan' *(panjar-vidyā)* vergt de hoogste graad van initiatie en was‑enkel toegankelijk voor meesters die er zich hun leven lang op hadden toegelegd.

Pippalāda kent dan ook aan de beeldhouwer (in het Sanskriet *sthāpak* genaamd, of ‚de bouwer') de status toe van de offerpriester *(hotri)*, die bij het offerritueel de goden aanroept en de Rig Ved reciteert. De beeldhouwer noemt hij Vāstuhotri, of de ‚sculptuur-hogepriester'. Niet alleen bezat de beeldhouwer de functie van de opperpriester om als bemiddelaar tussen de goden en de mensen op te treden, maar ook de wijze waarop hij tewerk ging had een sacraal karakter. Elke faze in het creëren van het beeld beschouwde Pippalāda als een religieuze operatie. Elke lijn of cirkel die werd getrokken ging gepaard — net als bij een offergave — met de gepaste mantra's of heilige aforismen.

De schepper zelf — Brahmā — heeft volgens Pippalāda aan de mens de kunst in steen geopenbaard, *omdat deze kunst het best in staat is om de inwendige betekenis van het kosmische gebeuren en de positie van de mens daarin aanschouwelijk te maken. Bij het beschouwen van een beeld doorloopt men verschillende ervaringsstadia: genoegen, groeiend geloof, diepe devotie en tenslotte het inwendig begrijpen dat het pad naar de bevrijding (moksha) ontsluit.*
De hymnen en liederen die de vedische priesters en ook de barden ongen, weerspiegelden eeuwen van innerlijke contemplatie en metafysische speculatie. Terwijl ze in de huidige tijd slechts als mythe worden afgedaan, verwezen ze vroeger naar een reëel aanwezige werkelijkheid. Aan deze zogenaamde mythologie ontleende de *sthāpak*, de beeldhouwer-priester, zijn inspiratie.

Wanneer de betekenis van de inwendige symboliek van de beelden ook voor de kunstenaar verloren gaat, concentreert hij zich volledig op de uiterlijk waarneembare wereld. Hij slaagt erin de fenomenale wereld in alle richtingen te exploreren maar is ondertussen het noorden kwijtgeraakt, dit is de traditionele verbondenheid met het centrum (Brahman) is verloren gegaan. Het geestelijke aspect, vroeger in de sculpturen aanwezig, is zoek.

Lijn en cirkel zijn essentieel

Pippalāda zegt: ,Hij die de kennis bezit van de lijn en de cirkel is een beeldhouwer *(sthāpak)* '. Dit axioma is herkenbaar in de *yūp*, dit is de houten paal met een bolronde top. Pippalāda kent aan die pijler een symbolische betekenis toe: het bolronde element vertegenwoordigt het universum (vishva) en de rechte paal staat voor de handeling, actie (karman). De combinatie van beide elementen brengt ons bij *vishva-karman,* de schepper van het universum, die de ultieme inspiratie van de beeldhouwer is.

Het geometrische grondplan van de sculpturen vertoont steeds een centraal punt, waaromheen een cirkel getrokken is. Volgens de Upanish-aden over het ontstaan van de wereld is Brahmā het centrum van waaruit de wereld zich ontwikkelt. Het centrum in het beeldhouwwerk wordt Brahmabindu (Brahmapunt) genoemd. De cirkel er om heen stelt het ongedifferentieerde universum voor, waarin structuren worden aan-gebracht door lijnen. De vertikale middenlijn is de belangrijkste, de ,axis mundi', steunpilaar van het universum.

De windrichtingen zijn — in de visie van Pippalāda — de basis van de creativiteit van de architect en de beeldhouwer. De vormen die zich in het horizontale vlak situeren (oost-west) worden geassocieerd met water en bieden een gevoel van expansie of rustig evenwicht. Soms geven de horizontale bewegingen een assertieve indruk zoals bij het beeld Vishnoe Trivikram met wijduitgestrekte arm en been [ ]. De vertikale lijnen hebben het karakter van vuur, als van de opstijgende vlammen. De diagonalen ZW-NO en ZO-NW zijn volgens Pippalāda de wind-lijnen, die de dynamiek incarneren. Men zal zich herinneren dat de schuine lijnen voor A. Boner ook de beweging, de tijdsdimensie vertegenwoordi-gen. Naarmate de schuine lijnen meer in het horizontale vlak komen te liggen, neemt volgens haar de dynamiek ook af en wint het rustige aspect veld.

Bij elke windrichting [ ] hoort ook een bepaalde godheid met een heel specifieke functie. Zo wordt het *oosten* steeds toegewezen aan Āditya, de zonnegod, die alle leven doet ontwaken. Adjectieven als mooi, jong, sterk, fris en hoopvol vergezellen deze godheid. Het *zuiden* is het rijk van

Yam, de god van de dood, steeds op zoek naar vernietiging. Varun, de god die de universele wet volgens de Veda's in stand houdt, situeert men in het *westen* waar de zon onder gaat. Het einde van de dag wordt gekoppeld aan het einde van alle hoop, maar ook aan het doorbreken van de pijnlijke gehechtheid aan de materiële wereld. Het *noorden* brengt de god Som voort, het geestelijke elixir van het vedische offer, dat de spirituele onsterfelijkheid verschaft. Het noorden is immers het gebied van de poolster die in India het symbool werd voor het duurzame, onwankelbare, stabiele.

Nadat Pippalāda de rol van de compositie, de decoraties, houdingen, wapens, voertuigen en aanbidders van de godenbeelden heeft behandeld, eindigt hij zijn Vāstusūtra Upanishad. Niet zonder eerst nog te verwijzen naar het uitzonderlijke belang van zijn werk indien men zich wil bekwamen tot ,meester van de vorm'. Als besluit geeft hij de aanmoedigende verzekering dat eenieder die over dit meesterschap mediteert, de gelukzaligmakende verlossing wacht.

LITERATUURLIJST

AGRAWALA, P.K., ed., *Gupta Temple Architecture*, Prithvi Prakashan, Varanasi, 1981.

ALI, B. Sheik, *The Hoysala Dynasty*, The Director, Prasaranga, 1972.

ANANTHALWAR, M.A. & REA, A., *Indian Architecture, Vol. II, Architectonics*, Indian Book Gallery, Delhi, 1980.

BAUMER, Bettina, ed., *Rūpa Pratirūpa, Alice Boner Commemoration Volume*, Biblia Impex Private Ltd., New Delhi, 1982.

BHATTACHARYA, B.C., ed., *Indian Images, The Brahmanic Iconography*, Cosmo Publications, New Delhi, 1978.

BONER, ALICE, *Principles of Composition in Hindu sculpture*, E.J. Brill, Leiden, 1962.

BONER, ALICE, ŚARMĀ, S.R., BAUMER, B., *Vāstusūtra Upaniṣad*, (The Essence of Form in Sacred Art), Motilal Banarsidass, Delhi, 1982.

BROWN, P., *Indian Architecture, (Buddhist and Hindu Periods)*, D. Taraporevala and Sons, Bombay, 1976.

FRÉDERIC, L., *Indian Temples and Sculpture*, Thames and Hudson, London, 1959.

L'HERNAULT, F., *L'Iconographie de Subrahmaṇya au Tamilnad*, Institut Français d'Indologie, Pondichéry, 1978.

LONGHURST, A.H., *Hampi Ruins*, (Described and Illustrated), Asian Educational Services, New Delhi, 1982.

MEISTER, Michael W., ed. *Encyclopaedia of Indian Temple Architecture*, OUP, Delhi, 1983.

MOOR, E., *The Hindu Pantheon*, (London, 1810), repr. Asian Educational Services, New Delhi, 1981.

MURTHY, A.V.N., ed., *Archaeology of Karnataka*, The Director, Mysore, 1978.

MUTHANNA, I.M., *Karnataka (History, Administration Culture)*, Rajajinagar—South India, 12/69.

NARASIMHACHAR, L., *A Guide to Halebid*, Mysore, 1978.

NARASIMHACHAR, R., ed., *The Kesava Temple at Somanathapur*, Directorate of Archaeology and Museums in Karnataka, (1917), repr. 1982.

NIGAM, M.L., *Sculptural Art of Andhra*, Sundeep Prakashan, Delhi, 1980.

PATTABIRAMIN, P.Z., *Sanctuaires rupestres de l'Inde du Sud, 1. Āndhra*, Institut Français d'Indologie, Pondichéry, 1971.

PATTAR, S., *The Singing Rocks of Badami*, Shilpa Publication, Badami, 1979.

RAO, M.R., *Early Cālukyan Temples of Andhra Desa*, The Government of Andhra Pradesh, Hyderabad, 1965.

RAO, M.S.N., *Vijayanagara, Progress of Research*, Directorate of Archaeology and Museums, Mysore, 1983.

RAO, P.R.R., *Alampur, A Study in early Chalukyan art*, Akshara, Hyderabad, 1977.

RAO, V.K., ed., *Select Vijayanagara Temples of Rāyalaseema*, The Government of Andhra Pradesh, Hyderabad, 1976.

ROWLAND, B., *The Art and Architecture of India, Buddhist-Hindu-Jain*, Penguin Books, 1967.

SAIRAM, T.V., *Indian Temple, Forms and Foundations*, Agam Kala Prakashan, Delhi, 1982.

SEWELL, R., *A Forgotten Empire*, (Vijayanagar), A Contribution to the History of India, Asian Educational Services, New Delhi, repr. 1982.

SIVARAMAMURTI, C., *(The Chola Temples, Thanjāvūr, Gangaikoṇdacholapuram Dārā-suram)*, The Dir. Gen. Archael. Sur. of India, New Delhi, 1978.

SRINIVASAN, K.R., *Architectural Survey of Temples, Number 1, Cave-temples of the Pallavas*, The Dir. Gen. of Archael. in India, New Delhi, 1964.

SRIVASTAVA, B., *Iconography of Sakti*, (A Study based on Srītattvanidhi), Chaukhambha Orientalia, Varanasi, 1978.

INDEX

185

186

187

188

189

ILLUSTRATIES

194

195

ORIENTALISTE, P.B. 41, B-3000 Leuven